Wie man bewusst zuhört:

Die Grundlage für echte Verbindung, Kommunikation und Beziehungen

Von Patrick King
Coach für soziale Interaktion und Konversation unter
www.PatrickKingConsulting.com

Inhaltsverzeichnis

Wie man mit Absicht zuhört: *Die Grundlage für echte Verbindung, Kommunikation und Beziehungen*

Inhaltsverzeichnis

Kapitel 1. Ein Mund, aber zwei Ohren
  Die wahre Win-Win-Situation
  Unbewusste Hindernisse
  Aber sie sind langweilig...
  Lang lebe Conan

Kapitel 2. Stile, Rahmen und Ebenen
  Menschen, Emotionen und Herz
  Der korrekte Rahmen
  Fünf Ebenen des Zuhörens

Kapitel 3. Die schwierige Aufgabe, jemanden zu hören
  Aktives Zuhören
  Einfühlsame Reflexion

Kapitel 4. Ich sehe dich, ich höre dich

Unnötige Eingabe
Validieren
Zweistufige Emotionen
Antworten validieren
Sechs Schritte zur Validierung

Kapitel 5. Lesen und Analysieren
Emotionales Genie
Das habe ich nicht gemeint!

Zusammenfassung

Kapitel 1. Ein Mund, aber zwei Ohren

Stellen Sie sich jemanden vor, der einen neuen Therapeuten oder Berater besucht, und den Dialog, den sie in ihrer ersten Sitzung führen. Der Klient fühlt sich natürlich ein wenig nervös und ausgeliefert und versucht, sich zurechtzufinden - es ist das erste Mal, dass er so etwas macht, und er ist sich nicht ganz sicher, wie das alles funktioniert. Wird er sich auf eine Couch legen und über ihre Anziehung zu ihrer Mutter oder ihrem Vater befragt werden?

Wird er etwas Traumatisches aus seiner Vergangenheit aufdecken, das er verdrängt hat?

Sie kommen in den Raum und der Therapeut lädt sie ein, sich zu setzen. Der Klient setzt sich und schließlich lädt der Therapeut ihn ein, zu sprechen, indem er sagt: „Also, was hat Sie heute hierher geführt?"

„Nun, das ist eigentlich schwer zu sagen", sagt der Klient und beginnt zu beschreiben, wie er die Therapie als einen Ort nutzen möchte, um zu lernen, besser zu sein, und nicht unbedingt, um etwas zu reparieren, was falsch ist.

„Also, es scheint, als wären Sie sich nicht ganz sicher, was Sie hier wollen", sagt der Therapeut.

Der Klient beginnt sich zu fragen, ob er die Zeit dieses Fachmanns verschwendet.

„Nein, nicht ganz. Es ist nur... Es tut mir leid, ich weiß nicht, wie das geht. Ich nehme an,

Sie sehen jeden Tag eine Menge Leute mit *echten* Problemen..."

„Sie glauben also nicht, dass Ihre Probleme real sind?"

„Ähm. Hmm. Das ist nicht das, was ich meinte. Es ist nicht so, dass ich... Probleme habe, es ist eher so, dass ich einfach die beste Version von mir selbst sein will, wissen Sie?"

„Es ist in Ordnung. Es gibt nichts, wofür man sich schämen müsste. Sich Hilfe für seine Probleme zu suchen, bedeutet nicht, dass man schwach ist, wissen Sie."

Der Rest der Sitzung geht weiter, aber der Klient hat bereits in diesen ersten zwei Minuten beschlossen, nie wieder zur Therapie zurückzukehren. Und warum? Für diejenigen, die geübte Zuhörer sind, ist der Grund wahrscheinlich offensichtlich: Der Therapeut hat *wirklich* schlecht zugehört. Haben Sie es bemerkt? Lassen Sie es uns wiederholen.

Erstens *sagt* der Therapeut dem Klienten, was er fühlt, ohne zu überprüfen, ob seine Interpretation richtig oder sogar erwünscht ist. Es ist eher eine Reihe von Aussagen und Annahmen als eine Akzeptanz. Der Therapeut hatte seine eigene Version der Ereignisse und Schlussfolgerungen wahrscheinlich schon, bevor der Patient sich überhaupt hingesetzt hat.

Wie frustrierend. Anstatt herauszufinden, was genau der Klient erlebt, hat der Therapeut irgendeine vorgefasste Form, die er dem Gespräch aufzwingt, wobei er völlig ignoriert, was der Klient eigentlich von ihm will.

Leider ist dieser Zustand der Fehlkommunikation und des schlechten Zuhörens weiter verbreitet, als es auf den ersten Blick scheint, und viele Menschen - vielleicht wie unser Therapeut - werden nie erfahren, in welchem Ausmaß ihre Zuhörtechniken für sie und ihre Gesprächspartner einfach nicht funktionieren.

Dies ist ein Buch über eine Fähigkeit, die *einfach* sein mag, aber sicherlich nicht *leicht* ist. Zuhören ist das Herzstück der richtigen Kommunikation, die wiederum das Herzstück jeder sinnvollen Verbindung ist, die Sie mit einem anderen Menschen haben können. Mit anderen Worten: Zuhören zu lernen ist wichtig! Wenn selbst ausgebildete Therapeuten (deren wahrer Fokus darauf liegen sollte, zuzuhören und aufzunehmen und dann Feedback zu geben) nicht immer ins Schwarze treffen, welche Chance haben wir dann? Nun, wie immer ist das Erlernen und Aneignen der notwendigen Fähigkeiten der erste Schritt, und das ist es, was dieses Buch bietet.

Dass Sie kein guter Zuhörer sind, bedeutet nicht, dass Sie ein schlechter Mensch sind. Selbstwahrnehmung und das Verstehen der „Meta-Konversation" sind Fähigkeiten wie jede andere - das heißt, sie können erlernt und verbessert werden, egal wer Sie sind. Leider leben wir in einer Welt, in der Zuhörfähigkeiten nie direkt gelehrt werden, und wenn Menschen danach streben, bessere Kommunikatoren zu sein, denken sie oft fälschlicherweise, dass sie überzeugendere Debattierer oder besser im Argumentieren werden müssen. Tatsächlich bedeutet ein Mangel an Zuhörfähigkeiten, dass Sie ganz normal sind, denn der Instinkt, mit dem wir alle geboren werden, ist, etwas egozentrisch zu sein. Und doch sind einige von uns von Natur aus gute Zuhörer, aber die meisten Menschen brauchen ein wenig bewusste Anstrengung, um dorthin zu gelangen. Einige von uns sind nur gut *im* Zuhören, und sind schrecklich darin, anderen etwas zu erzählen oder sogar Gefühle auszudrücken. Im Gegensatz dazu, dass manche von uns größer, kleiner oder mit schwarzen oder braunen Haaren geboren werden, ist Zuhören eine Eigenschaft, über die Sie die volle Kontrolle haben - und zwar ab jetzt.

Ein guter Zuhörer zu sein, ist keine großartige wohltätige Geste oder eine Sache, die man nur anderen Menschen zuliebe tut. Wenn wir uns tatsächlich mit Aufmerksamkeit und Achtsamkeit auf die Welt einer anderen Person einlassen, profitieren *alle* davon, und wir bereichern auch unsere eigene Perspektive. Es ist die Quintessenz einer Win-Win-Situation - sogar mehr, als Sie sich vorstellen können. Zumindest ist das die erste wichtige Veränderung der Denkweise, die Sie vornehmen müssen, um ein besserer Zuhörer zu sein.

Die wahre Win-Win-Situation

Ein großer Teil des Puzzles bei der Schaffung einer für das Zuhören optimierten Präsenz ist der uralte Ratschlag, der durch Dale Carnegie und sein berühmtes Buch *How to Win Friends and Influence People* populär wurde.

Viele seiner Ratschläge werden heute als gesunder Menschenverstand belächelt, obwohl sie gerade *wegen* seines Buches als so selbstverständlich gelten. Vielleicht war einer seiner besten Ratschläge, die Leute einfach dazu zu bringen, über sich selbst zu reden oder sogar zu prahlen. Er wurde mit den Worten zitiert: „Sie können in zwei Monaten mehr Freunde gewinnen, indem Sie sich für andere Menschen interessieren, als in zwei Jahren, indem Sie versuchen, andere Menschen dazu zu bringen, sich für Sie zu interessieren."

Es könnte gegen alles gehen, was man uns beigebracht hat oder was wir instinktiv fühlen. Ist unser Hauptaugenmerk in einem Gespräch nicht darauf gerichtet, was *wir* sagen und wie *wir* uns fühlen und ob andere Menschen *uns* zuhören und verstehen? Wir haben eine enorme Neigung anzunehmen, dass die Lösung für bessere soziale Kontakte etwas damit zu tun haben muss, was wir sagen oder wie wir es sagen. Und dieses ganze Zuhören-Zeug? Nun, viele von uns denken, dass Zuhören nicht viel mehr ist als eine bequeme Pause, um darüber nachzudenken, was man als nächstes sagen wird.

Aber Zuhören war schon immer mächtiger. Es stellt sich heraus, dass Carnegie richtig lag, bis hin zur biologischen Ebene. Eine 2012 von den Neurowissenschaftlern Diana Tamir und Jason Mitchell an der Harvard University durchgeführte Studie mit dem Titel „Disclosing Information About the Self Is Intrinsically Rewarding" (Informationen über das Selbst preiszugeben ist intrinsisch lohnend) fand heraus, dass unser Drang, persönliche Informationen mit anderen zu teilen, einer der grundlegendsten und stärksten Teile des Menschseins ist.

Gehirnbilder zeigten, dass das Teilen von Informationen über uns selbst die gleichen Empfindungen in unserem Gehirn auslöst, die wir erleben, wenn wir Nahrung zu uns nehmen und Sex haben - zwei Verhaltensweisen, zu denen wir biologisch gezwungen sind. Es scheint also, dass wir biologisch gezwungen sind, unsere Gedanken zu teilen und zu kommunizieren.

Eine Methode, mit der die Forscher feststellten, wie sehr die Teilnehmer es schätzten, über sich selbst sprechen zu können, bestand darin, jedem einen bescheidenen finanziellen Anreiz zu bieten, der stattdessen Fragen über *andere* Personen beantwortete. Einige der Fragen betrafen beiläufige Themen wie Hobbys und persönliche Vorlieben, während andere Fragen Persönlichkeitsmerkmale wie Intelligenz, Neugier oder Aggression abdeckten.

Die Forscher fanden heraus, dass viele der Teilnehmer bereit waren, auf das Geld zu verzichten und die belohnenden Gefühle der Selbstoffenbarung dem finanziellen Gewinn vorzuziehen. Tatsächlich gab der durchschnittliche Teilnehmer zwischen 17 und 25 Prozent seines möglichen Verdienstes auf, nur damit er persönliche Informationen preisgeben konnte.

Die Forscher verwendeten dann einen funktionellen Magnetresonanztomographen (fMRI), um zu beobachten, welche Teile des Gehirns am meisten erregt waren, wenn die Probanden über sich selbst sprachen. Auch hier fanden sie einen Zusammenhang zwischen Selbstauskunft und erhöhter Aktivität in Gehirnregionen, die zum mesolimbischen Dopaminsystem gehören - dieselbe Region, die mit dem befriedigenden Gefühl verbunden ist, das wir durch Essen, Geld und Sex bekommen. Diese erhöhte Gehirnaktivität tritt sogar auf, wenn wir über uns selbst sprechen, *ohne* dass uns jemand zuhört. Natürlich gibt es einen viel stärkeren Effekt, wenn unsere Zuhörfähigkeiten ins Spiel kommen.

Was sagen uns diese Studien? Nun, erstens, dass man kein egoistischer oder eitler Mensch ist, wenn man eher dazu neigt, über sich selbst zu reden, als anderen zuzuhören. Aber sie legen auch nahe, dass wir eine grundsolide Methode zur Hand haben, um *anderen Menschen zu* helfen, dasselbe Gefühl der Belohnung und Zufriedenheit zu empfinden.

Unbewusste Hindernisse

Wenn es so wertvoll ist, ein guter Zuhörer zu sein, warum sind dann so wenige Menschen wirklich gut darin? Anstatt in Bezug auf Fähigkeiten oder Eigenschaften zu denken, die Ihnen fehlen, denken Sie stattdessen an die Barrieren, die Sie davon abhalten, einer anderen Person wirklich zuzuhören. Alle Fähigkeiten und Techniken der Welt werden nicht helfen, wenn wir immer noch falsche Überzeugungen, Gewohnheiten und blinde Flecken haben, die einer echten Verbindung und Empathie im Wege stehen. Es wäre so, als ob man ein Boot besitzt und ein erfahrener Seemann ist, aber eine tödliche Angst vor dem Wasser hat. Manche Dinge überschatten einfach andere.

Wenn Sie dieses Buch lesen, herzlichen Glückwunsch - Sie haben bereits einen aktiven und bewussten Schritt getan, um ein besserer Zuhörer zu werden. Nennen Sie es Ego oder nennen Sie es eine schlechte Angewohnheit, aber viele Menschen sehen sich selbst nicht gerne als schlechte

Gesprächspartner oder als unzulängliches Zuhörpersonal. Das ist vielleicht das größte Hindernis von allen - denn es hält uns davon ab, all die anderen Hindernisse zu sehen, die uns davon abhalten, so aufmerksam und einfühlsam zu sein, wie wir sein könnten. Lassen Sie uns einen genaueren Blick darauf werfen, was einige dieser Barrieren sein könnten.

Denken Sie an die schlechten Zuhörer, denen Sie vielleicht in Ihrem eigenen Leben begegnet sind. Was hat Ihnen das Gefühl gegeben, dass sie Ihnen nicht zuhören? Vielleicht ist das größte Problem ihre ***Unfähigkeit, über sich selbst und ihre eigenen Bedürfnisse hinauszuschauen***. Das bedeutet nicht, dass sie echte oder tatsächliche Bedürfnisse haben, es bedeutet einfach, dass sie nur auf sich selbst und ihre Realität konzentriert sind.

Das ist die Person, die jeden Satz mit „Ich" beginnt, oder die anfängt, Meinungen auszusprechen, als wäre sie eine Berühmtheit in einer Talkshow, oder die das Gespräch nur in Beschlag nimmt, damit sie Ihnen ausführlich erzählen kann, was sie getan hat, was sie mag und was nicht, wie sie die Dinge sieht, was ihnen passiert ist, bla bla bla...

Eine gute Konversation ist wie ein Tennisspiel, bei dem sich die Aufmerksamkeit gleichmäßig zwischen den beiden Parteien bewegt, wie bei einem Tennisball. Wenn jemand nie in der Lage ist, seine Aufmerksamkeit wirklich auf etwas anderes als sich selbst zu richten, ist es wie ein Tennisspiel mit einer Person, die den Ball nie richtig aufschlägt oder ihn nie zurückgibt, sobald er über das Netz geht. Ein Gespräch wird plötzlich zu einem Monolog, Selbstgespräch oder einfach zu einer Vorlesung für einen unwilligen Schüler.

Sogenannter „Gesprächsnarzissmus" mag oberflächlich betrachtet wie ein normales Gespräch aussehen, aber bei näherer Betrachtung ähnelt es tatsächlich zwei Menschen, die in unmittelbarer Nähe zueinander Monologe halten! In gewisser Weise ist eine gute Konversation eine aussterbende Kunst, gerade weil sich die Menschen mehr denn je isoliert fühlen. Zu diesem wachsenden Phänomen kommt noch hinzu, dass die Menschen zunehmend in selbst geschaffenen „Filterblasen" leben, so dass sie nur noch mit Meinungen konfrontiert werden, mit denen sie bereits übereinstimmen, und mit Inhalten von Menschen, die genauso sind wie sie. Und schon hat man ein Rezept für eine Gesprächskatastrophe.

Warum also ist eine ausgewogene Konversation eine so verlorene Kunst? Da so viele Menschen das Gefühl vermissen, selbst wirklich gehört zu werden, sehnen sie sich nach Aufmerksamkeit und danach, im Rampenlicht zu stehen, damit andere ihnen aufmerksam zuhören. Die traurige Ironie ist, dass eine solche Person eine egoistische, sogar wettbewerbsorientierte Haltung in eine Aktivität einbringen kann, die eigentlich für beide Seiten von Vorteil sein sollte. Während sie spricht, entfremdet sie die andere Person, die beschließt, nicht mehr zuzuhören und stattdessen darüber nachzudenken, wie sie selbst zu Wort kommen und ein wenig vom Rampenlicht für sich zurückstehlen kann.

Und so setzt sich der Kreislauf fort und wird mit der Zeit noch schlimmer, angestachelt durch das Gefühl, nicht gehört oder beachtet zu werden. Ein Gespräch als Plattform zu nutzen, um Aufmerksamkeit zu gewinnen und das eigene Ego zu streicheln, ist zweifelsohne eine aussichtslose Strategie. Die Wahrheit ist: Je mehr Sie eine Konversation zu diesem Zweck missbrauchen, desto weniger Gelegenheiten werden Sie tatsächlich haben, sich mit anderen zu unterhalten, denn sie werden es wahrscheinlich leid sein, ein gezwungenes Publikum zu sein.

Haben Sie jemals still darauf gewartet, dass jemand aufhört zu sprechen, und dabei die ganze Zeit darüber nachgedacht, was Sie sagen würden, sobald er die Klappe hält? Wenn ja, dann haben Sie sich wahrscheinlich auch schon des Gesprächs-Narzissmus schuldig gemacht! Es ist immer noch die Unfähigkeit, Ihren eigenen inneren Monolog komplett beiseite zu schieben und sich darauf zu konzentrieren, was die andere Person denkt oder sagt. Es führt zu demselben Ergebnis wie ein Duell der Monologe, bei dem die Konversation gar nicht wirklich stattgefunden hat - stattdessen reden zwei Menschen aufeinander ein statt *miteinander*.

Verbessern Sie also zunächst Ihre Zuhörfähigkeiten, indem Sie darauf achten, auf welche Weise das Verlangen nach Aufmerksamkeit Sie zu einem schlechteren Gesprächspartner machen kann. Dies erfordert ein gewisses Maß an Bewusstheit und auch ein wenig Ehrlichkeit. Wir können uns fragen, was unsere wahren Absichten und Motivationen sind, wenn wir uns im Allgemeinen auf Gespräche einlassen, und im Speziellen mit Menschen, die wir kennen. Gehen wir auf andere zu, weil wir die Bestätigung ihrer Aufmerksamkeit wollen? Weil wir das Gefühl haben wollen, uns selbst zu beweisen, dass wir Recht haben und der andere Unrecht?

Sehen wir Konversation als einen Kampf, ein Spiel oder einen Tanz? Vielleicht sehen wir ein Gespräch als eine Gelegenheit, uns selbst zu zeigen oder mitzuteilen, was uns interessiert. Was auch immer Ihre Gründe sind, Sie haben wahrscheinlich bemerkt, dass sie normalerweise nur *Sie selbst* betreffen... und keinen Gedanken an die andere Person verschwenden, die das Gespräch mit Ihnen teilt! Wie viele von uns können ehrlich sagen, dass es unser Ziel ist, die andere Person zu sehen und zu verstehen, und nicht nur, uns selbst zu sehen und zu verstehen?

Die Idee ist, nicht immer zu versuchen, die Aufmerksamkeit auf sich selbst zu lenken. Gespräche sollten nicht als Mittel betrachtet werden, um Aufmerksamkeit zu gewinnen, sondern um sie auf angenehme Weise mit einem anderen zu *teilen*. Das Ziel ist nicht der Wettbewerb um das Wort, sondern die Zusammenarbeit mit einem Verbündeten. Das Ziel ist es, zusammenzuarbeiten, nicht sich allein auszudrücken. Das Ziel ist zu lernen, nicht zu lehren, und so weiter. Für einige von uns erfordert dies vielleicht eine völlige Neuausrichtung dessen, was wir suchen, wenn wir sozial sein wollen.

Nach einem ineffektiven Gespräch können sich Menschen erschöpft, gelangweilt oder sogar noch einsamer fühlen. Gute Gespräche hingegen können etwas Schönes sein, das es beiden Teilnehmern ermöglicht, gemeinsam etwas zu schaffen, das größer ist als die Summe seiner Teile. Erinnern Sie sich noch daran, wie viel Menschen bereit waren zu zahlen, um gehört zu werden und sich auszudrücken, wie in der Studie, auf die in diesem Kapitel verwiesen wird? Das liegt daran, dass dieses Gefühl, anerkannt, gehört und respektiert zu werden, unglaublich wertvoll ist. Wenn Sie dieses Buch weiterlesen, werden Sie hoffentlich feststellen, dass es genauso lohnend ist, dieses Gefühl jemand anderem zu vermitteln.

Um gut zuhören zu können, müssen Sie Ihre eigenen Interessen und Ihr Ego zurückstellen und jemand anderem auf anmutige Weise erlauben, zu glänzen.

Jetzt ist es an der Zeit, selbstbewusst und introspektiv zu werden. Der Soziologe

Charles Derber hat dieses Phänomen ausgiebig untersucht und glaubt, dass diese Form des Gesprächsnarzissmus auftreten kann, ohne dass sich die Menschen dessen bewusst sind. Man kann sich leicht vorstellen, dass es sich bei Gesprächs-Narzissten um die stereotypen Großmäuler handelt, die die Konversation dominieren - aber es ist viel subtiler als das. Es stellt sich heraus, dass sich die Situation um eine einzige Wortwahl drehen kann. Er artikulierte, was er *Unterstützungsantworten* und *Verschiebungsantworten* nannte, und wie sie subtil unseren Alltagswortschatz durchdringen können.

Derber erklärt, was er als „Initiativen" in der Konversation bezeichnet - diese können *aufmerksamkeitsgebend* oder *aufmerksamkeitssuchend* sein, wobei letzteres weiter in aktiv oder passiv unterteilt werden kann. Das ist ein bisschen wie unsere Tennis-Analogie - beim Tennis geben wir den Ball immer entweder zurück oder nehmen ihn vom anderen Spieler entgegen, ein Geben und Nehmen. In einem

Gespräch bewegt sich das, was hin und her geht, die Aufmerksamkeit. Diese können zwischen den Personen hin- und herspringen oder sich auf einer Seite des Gesprächs sammeln. Für unsere Zwecke können Sie sich denken, an welchen Verhaltensweisen wir uns orientieren wollen. Schauen wir uns einige Beispiele für beides im Gespräch an.

Schauen wir uns zunächst Unterstützungsreaktionen an, die das sind, wonach sie klingen: Worte oder Verhaltensweisen, die den Ausdruck der anderen Person im Gespräch unterstützen. Bei der aktiven, aufmerksamkeitsstarken Variante hält eine „*Unterstützungsreaktion*" die Aufmerksamkeit auf dem Sprecher und seinem Thema aufrecht - zum Beispiel eine Frage zum Gesagten stellen. Unterstützende Antworten können einfache Bestätigungen sein („Oh wirklich?" „Uh huh"), positiv unterstützend („Das ist toll!") oder in Frageform („Was haben Sie denn gesagt?"). Sie können sich vorstellen, dass die Geschichte der anderen Person ein Ballon ist, den alle anderen versuchen, in der Luft zu halten, indem sie hier und da einspringen, um ihn wieder in die Höhe zu treiben. Zum Beispiel:

„Ich liebe französische Filme."
Antwort: „Welches ist Ihr Favorit?"

Die obige Antwort dient nur dazu, die Aufmerksamkeit und das Bewusstsein für den ursprünglichen Sprecher aufrechtzuerhalten. Die Antwort fügt keine eigenen neuen Informationen ein, sondern unterstützt den sich bereits entfaltenden Fluss der Aufmerksamkeit. Offensichtlich kann dies dazu führen, dass sich die Leute, nun ja, unterstützt fühlen! Dies ist eine großartige Möglichkeit, Ihren Gesprächspartner zu bestätigen, ihn wissen zu lassen, dass Sie ihm zuhören, und eine starke Botschaft zu senden, dass Sie schätzen, was er sagt, und mehr hören wollen.

Die *„Shift Response"* hingegen ist eine aktive, aufmerksamkeitssuchende Reaktion, die die Aufmerksamkeit auf die andere Person, also wieder auf sich selbst, lenkt. Es ist ein Akt, den Scheinwerfer zu ergreifen und ihn in die entgegengesetzte Richtung zu lenken. Bei einer Verschiebungsreaktion wird der Fluss der Aufmerksamkeit und des Bewusstseins plötzlich anderswohin gelenkt. Was passiert, wenn Sie zwei Menschen sehen, die um die Aufmerksamkeit wetteifern und aneinander vorbei reden? Ihr Dialog besteht ausschließlich aus aggressiven Shift Responses!

„Ich liebe französische Filme."
Antwort: „Ja? Ich habe mir noch nie viel aus Filmen gemacht. Neulich habe ich im Kino dieses Ding gesehen..."

Das soll nicht heißen, dass Verschiebungsantworten immer falsch sind - im Kontext können sie funktionieren, besonders wenn die andere Person die Aufmerksamkeit wieder subtil zurückfordert. Manchmal kann es sogar ratsam sein, mehr Shift-Antworten zu verwenden, um einen Teil des Rampenlichts zu ergattern oder Ihre

Gefühle kundzutun. Aber wie oft setzen Sie sie ein?

Eine Shift-Antwort ist eine gute Idee, wenn Sie das Gespräch auf ein anderes Thema lenken oder neue Energie oder Ideen in das Gespräch einbringen möchten. Es ist eine schlechte Idee, wenn Sie einfach versuchen, das bestehende Gespräch zu Ihren Gunsten zu entgleisen, damit Sie sagen können, was Sie sagen wollen. Viele Leute kommen zusammen und unterhalten sich auf diese Weise, wobei jeder eine andere persönliche Anekdote verkündet, die mit einer Schichtantwort beginnt.

Wenn Sie zwei Menschen mit schlechten Zuhörfähigkeiten haben und beide wild entschlossen sind, Antworten zu verschieben, endet das eher in einem Ringkampf um Aufmerksamkeit als in einem Gespräch. Vielleicht befriedigen beide Parteien ihre Ausdruckslust, aber ihre Tanks für das Gehörtwerden sind leer. Sie merken es vielleicht nicht, wenn Sie in diese Art von Kampf verwickelt sind, aber von außen betrachtet, kann die Beobachtung dieser Art von Interaktion kurios und verwirrend sein.

Wenn außerdem ein schlechter Gesprächspartner (jemand, der ständig Verschiebungsantworten verwendet) mit einem sehr einfühlsamen Zuhörer (jemand, der ständig Unterstützungsantworten verwendet) gepaart wird, kann es sein, dass die eine Partei das Gefühl hat, ein gutes Gespräch zu führen, weil die andere Person ihr ständig Unterstützungsantworten anbietet, während die andere Person eigentlich von einer Brücke springen möchte, weil das Gespräch zu einem peinlichen Pseudovortrag über das Leben und die Überzeugungen der anderen Person wird.

Was ist mit passivem Gesprächs-Narzissmus? Natürlich gibt es Menschen, die sich der sozialen Normen und der Etikette noch sehr bewusst sind und daher auf subtilere Weise um Aufmerksamkeit buhlen werden. Eine Möglichkeit, dies zu tun, besteht darin, keine unterstützenden Antworten zu geben und zu warten, bis das

Thema der anderen Person abebbt und Sie das Rampenlicht übernehmen können. Hier hoffen Sie darauf, dass der anderen Person der Dampf ausgeht, damit Sie endlich zu Wort kommen können. Es ist, als würde man auf einem Baum sitzen und darauf warten, dass die Beute müde wird und sich schlafen legt - man weiß, dass es irgendwann passieren wird, also wartet man passiv ab.

Waren Sie schon einmal Teil eines Gesprächs, in dem die andere Person keine unterstützenden Antworten angeboten hat, nicht einmal ein „Ach wirklich?" oder „Aha"? Sie sind sich nicht ganz sicher, ob er das Gesagte aufgenommen hat, und das kann von seiner Seite aus beabsichtigt sein. Es könnte ein Fall von passivem Gesprächs-Narzissmus gewesen sein. Es ist, als würde man den Ballon auf den Boden fallen lassen. Sie müssen nicht viel tun, um jemandem das Gefühl zu geben, dass das, was er sagt, nicht wirklich „angekommen" ist!

Den meisten von uns wird beigebracht, dass es höflich ist, nicht weiterzuschwafeln, erst an der Reihe zu sein und sich dann auszuruhen, und dass man sich den Raum in Gesprächen teilt. Gut, diese Person wird diese Grundregeln befolgen. Aber sie wird ihren Gesprächspartner sicher nicht dazu ermutigen, mehr zu sprechen, damit sie nicht ihre eigene Redezeit einschränkt! Ein Mangel an (echtem!) Feedback von der anderen Person kann schnell dazu führen, dass jemand das Gefühl hat, er solle aufhören zu sprechen - und hier kommt der Gesprächs-Narzisst wieder ins Spiel.

Obwohl es verlockend ist, andere Menschen auf frischer Tat zu ertappen, ist es viel produktiver zu lernen, es bei *sich selbst zu* bemerken und sich dagegen zu schützen. Sie können nicht kontrollieren, was andere tun, aber Sie können Ihre eigenen Handlungen kontrollieren und wie gut Sie als Zuhörer sind. Das ist ja auch das Ziel dieses Buches. Für den anderen Zweck sollten Sie vielleicht ein Buch über Überredung oder Hypnose suchen.

Die Ironie ist, dass es oft diejenigen sind, die gut zuhören können, die zur Seite treten und ein echtes Interesse an ihren Gesprächspartnern zeigen, die wir für die interessantesten, charismatischsten und unserer Aufmerksamkeit würdigsten Menschen halten. Das vermeintliche Ziel des Konversations-Narzissmus (*verdammt sicher zu gehen, dass die Leute etwas über Sie wissen*) wird also nicht einmal erfüllt. Ups. Glücklicherweise gibt es ein paar Richtlinien, um diese unbewussten Hindernisse zu überwinden, denen Sie zweifellos begegnen werden.

Bringen Sie Ihre Bedürfnisse und Wünsche mit denen anderer Menschen ins Gleichgewicht

Dazu müssen Sie sich zunächst bewusst sein, worauf Sie Ihren Fokus legen und wohin er geht. Achten Sie darauf, wie die Sendezeit verteilt wird. Spricht nur eine Person? Gibt es ein Hin und Her? Das erfordert mehr, als nur so zu tun, als würde man sich für das Leben einer anderen Person interessieren - Sie müssen sich wirklich für einen Moment vergessen und sich voll und ganz auf das einlassen, was der andere sagt. Hören Sie auf, über Ihre nächste Antwort nachzudenken, und achten Sie darauf, was jemand gerade zu Ihnen sagt.

Das bedeutet, dass Sie nicht vorschnell erklären oder das Gesagte so einrahmen, dass es sich wieder auf Sie bezieht. Geben Sie eher unterstützende Antworten und hüten Sie sich davor, ständig jedes Thema auf sich selbst zurück zu beziehen. Stellen Sie Fragen, um die andere Person einzuladen, mehr zu sagen. Wenn Sie eine Weile die Aufmerksamkeit auf sich ziehen, genießen Sie sie - aber geben Sie sie auch wieder zurück. So wie es uns als Kinder beigebracht wurde: Es ist gut, zu teilen!

„Während Sie sprachen, musste ich an diese Erfahrung denken, die ich einmal hatte, zum Thema XYZ. Da habe ich mich gefragt, ob das bei Ihnen auch so war?" Eine Person, die dies sagt, zeigt, dass sie bereit ist, das Gespräch zu teilen, anstatt alles für sich zu beanspruchen.

Denken Sie an Ego, Macht, Selbstwertgefühl und Kontrolle

Diejenigen, die in einem Gespräch am prahlerischsten erscheinen, die eifersüchtig die Aufmerksamkeit bewachen oder über andere sprechen, sind oft diejenigen, die sich in sich selbst am unsichersten fühlen. Ihr Bedürfnis, das Gespräch zu kontrollieren, entspringt einem Hunger nach Aufmerksamkeit und Anerkennung. Wenn Sie sich dabei ertappen, dass Sie Gespräche als Plattform nutzen, um Ihr Ego aufzublähen, sich selbst besser zu fühlen oder von anderen bezeugt und unterstützt zu werden, könnte es Ihre Aufgabe sein, zu lernen, sich zur Abwechslung einmal in den Hintergrund zu begeben. Das Paradoxe ist, dass die Menschen, die am sympathischsten und selbstbewusstesten wirken, diejenigen sind, die sich nicht krampfhaft bemühen, die Aufmerksamkeit anderer zu dominieren.

Seien Sie egalitär

Haben Sie irgendwelche unbewussten Überzeugungen darüber, wozu Gespräche eigentlich dienen? Manche Menschen sprechen, weil sie eine Plattform wollen, um ihre Meinung mitzuteilen, oder sie wollen andere „belehren" und ihnen genau sagen, was Sache ist, oder einfach, um auf die eine oder andere Weise Überlegenheit zu demonstrieren. Werden Sie sich bewusst, *warum* Sie ein Gespräch führen. Sind Sie wirklich neugierig auf den Menschen, der vor Ihnen sitzt? Haben Sie sich bereits eine Meinung über ihn gebildet, oder sehen Sie ihn einfach als Publikum für Ihre Agenda (von der Sie nicht abweichen wollen), als Sparringspartner, als Konkurrenten?

Gute Zuhörer bleiben im Moment und lassen sich nicht von ihren eigenen Gedanken ablenken, wenn sie sich eigentlich auf jemand anderen konzentrieren sollten. Versuchen Sie, Gespräche als angenehme Gelegenheiten zu behandeln, um zu geben und zu nehmen und einen anderen ebenso zu erleben, wie sich selbst zu offenbaren.

Kommt es häufig vor, dass Ihre Gesprächspartner eine Menge über Sie wissen, Sie aber nicht viel über sie? Das würde bedeuten, dass der Informationsfluss ausgesprochen einseitig ist und dass Sie den Luftraum monopolisieren. Stellen Sie anderen tatsächlich Fragen? Wann haben Sie das letzte Mal fünf Fragen hintereinander gestellt?

All dies führt uns wieder zu der wichtigsten Gesprächsfähigkeit - dem Zuhören. Große Kommunikatoren neigen dazu, *weniger* zu sprechen als schlechte Kommunikatoren. Auch wenn es dem Ego nicht gefällt, die Wahrheit ist, dass man kein guter Gesprächspartner wird, indem man die besten Witze oder Geschichten erzählt, am interessantesten oder beeindruckendsten ist oder am meisten spricht. Sie tun es, indem Sie bescheiden und freundlich sind und sich dafür interessieren, wie interessant *andere Menschen* sind. *Das Geheimnis ist, mehr interessiert als interessant zu sein.* Lernen Sie, anstatt zu lehren. Hören Sie zu, anstatt zu sprechen.

Erlauben Sie anderen, sich auszudrücken, weil Sie wissen, dass es genug zu sagen gibt. Verbinden Sie, statt zu beeindrucken. Teilen Sie eine Geschichte oder nehmen Sie an ihr teil, anstatt sie nur zu erzählen.

Aber sie sind langweilig...

Nein, das sind Sie.

Vielleicht haben Sie die vorherigen Abschnitte durchgelesen und sich gefragt, wie realistisch es ist, von dem, was eine andere Person sagt, völlig gefesselt zu sein. Es kann sich sicherlich gut anfühlen, im Mittelpunkt der Aufmerksamkeit zu stehen. Aber was ist, wenn Sie es buchstäblich nicht so empfinden?

Es ist nicht schön, das zuzugeben, aber viele von uns denken insgeheim, dass andere Menschen einfach nicht so interessant sind, und es ist schwer, sich für das zu interessieren, was sie zu sagen haben. Was könnte schließlich interessanter sein als all die Dinge, die in unserem eigenen Leben vor sich gehen, aus unserer eigenen Perspektive? Im Lichte des nötigen

Aufwandes, sich jemandes scheinbar banale Geschichte anzuhören, ist es verlockend zu entscheiden, dass man sich lieber nicht die Mühe macht.

Wir können manchmal den Sinn verfehlen. Manchmal ist es eine Frage der unrealistischen Erwartungen. Ein Gespräch muss Sie nicht unbedingt von den Socken hauen oder für Sie sehr nützlich sein, damit es sich lohnt, daran teilzunehmen. Und natürlich ist es normal, dass man nicht an jedem Menschen interessiert ist, den man trifft - manche Menschen wecken Neugier, andere nicht. Und schließlich ist es überhaupt nicht nötig, sich zu verstellen oder sich auf eine Weise zu verhalten, die Sie auslaugt und langweilt. Offen gesagt ist es möglich, eine warme und freundliche Person mit einem guten Sozialleben zu sein. Ohne mit jedem, dem man begegnet, in eine ekstatische Konversation zu geraten.

Aber hier haben sozial erfolgreiche Menschen ein feineres Verständnis als diejenigen, die sich selbst gerne als introvertiert bezeichnen oder das Gefühl haben, andere Menschen seien langweilig und ihre Zeit nicht wert. Wir müssen anderen Menschen eine Chance geben. Denn glauben Sie, dass *Sie* auf den Durchschnittsmenschen massiv interessant wirken würden, wenn er Sie nur die Straße entlanglaufen sähe? Oder wenn er auf einer Party drei Minuten lang mit Ihnen sprechen würde? Wahrscheinlich denken Sie, dass in Ihnen als Person viel mehr steckt als das, was Sie in einem kurzen Gespräch vermitteln können. Denken Sie also daran, dass dies auch auf andere zutrifft.

Haben Sie ein wenig Vertrauen, stellen Sie Ihr Urteil zurück und hören Sie einfach zu. Lassen Sie alle vorgefassten Meinungen darüber fallen, was eine Person interessant macht - einige der faszinierendsten Menschen sind da draußen, nur ein paar gezielte Fragen davon entfernt, entdeckt zu werden. Seien Sie offen dafür, sich zu irren und überrascht zu werden. Entscheiden Sie sich dafür, aktiv nach dem Guten und Interessanten in anderen zu suchen. Es ist ein altes Sprichwort, dass man von jedem etwas lernen kann, und es ist wahr.

Betrachten Sie die Konversation als ein Mittel, um herauszufinden, was genau dieses Etwas ist.

Wenn Sie jemanden sofort als uninteressant beurteilen, wird er das zweifellos für Sie bleiben. Beurteilen Sie ihn anders, und er wird es auch werden. Nutzen Sie dies zu Ihrem Vorteil.

Es ist unhöflich, anzunehmen, dass Menschen langweilig sind, nur weil sie Sie nicht nach ein paar Minuten begeistern, besonders wenn Sie dabei helfen, indem Sie ihnen langweilige Fragen stellen. Das kann an sich schon ziemlich narzisstisch sein - andere Menschen in Bezug auf ihren Unterhaltungswert für Sie zu betrachten, anstatt sie als eigenständige Personen zu betrachten. Wenn Sie jemanden nicht wirklich kennen, ist es schwer, sich über die banalen Details seines Lebens Gedanken zu machen, aber Sie würden sich sicherlich mehr Gedanken machen, wenn es sich um für Sie sehr wichtige Menschen handeln würde.

Die Idee ist, dass die Leute nicht langweilig sind, sondern nur, dass Sie sie nicht gut genug kennen, um sich für sie zu interessieren. Sie sehen den Haken an der Sache: Sie können jemanden nur kennenlernen, wenn Sie zuerst den „langweiligen" Smalltalk überstehen und versuchen, eine engere Verbindung aufzubauen. Kontaktfreudig zu sein ist etwas, das auf sich selbst aufbaut. Es beginnt mit einer Geste des Wohlwollens gegenüber der anderen Person. Sie wissen nicht, ob die Person interessant ist, aber Sie hoffen und erwarten, dass sie es ist, und Sie reichen ihr die Hand im Vertrauen darauf, dass sich Ihre Investition später lohnen wird.

Mit anderen Worten: Manche Menschen gehen in Gespräche, weil sie eine sofortige Auszahlung erwarten, während es in Wirklichkeit eher so ist, dass man zunächst ein wenig investieren und geduldig auf eine Belohnung warten muss, die eine Weile dauern kann.

Sie brauchen nichts zu erzwingen. Seien Sie einfach offen und aufnahmebereit und versuchen Sie es - zumindest eine Zeit lang. Selbst wenn Sie nie etwas Interessantes im Gespräch mit einer anderen Person entdecken, können Sie es trotzdem mit Mitgefühl und Höflichkeit tun, und vielleicht lernen Sie dabei etwas über sich selbst - zum Beispiel, wie Sie ein besserer Gesprächspartner werden. Manche Menschen brauchen mehr als ein Gespräch, um sich zu öffnen. Tragen Sie Ihren Teil dazu bei, indem Sie Vertrauen und Beziehung aufbauen, Fragen stellen und zuhören.

Sie werden überrascht sein, was passiert, wenn Sie die Erwartung haben, dass Sie etwas reizvoll oder faszinierend finden werden. Menschen können unerwartete Hobbys oder völlig abwegige Erfahrungen, Fähigkeiten, Werte usw. haben, die für Sie interessant sein können, auch wenn andere Teile ihres Lebens es nicht sind. Scheuen Sie sich nicht, ein wenig zu drängen und Fragen zu stellen, die zu mehr Intimität einladen.

Gehen Sie über die Oberfläche hinaus und fragen Sie, wie Ihr Gesprächspartner über bestimmte Dinge denkt. Sie können immer zuerst ein wenig von sich selbst preisgeben, um eine ungezwungene Stimmung zu verbreiten. In diesem Sinne müssen Sie vielleicht manchmal „den ersten Schritt machen", wenn Sie sich anderen Menschen gegenüber öffnen. Geben Sie unerwartete Antworten, sagen Sie die Wahrheit, und bemühen Sie sich, ehrlich und aufrichtig zu sein. Die Menschen sind oft mehr als bereit, auf diese Weise zu antworten.

Wenn Sie *immer noch* nicht davon überzeugt sind, dass Ihnen jemand etwas Interessantes zu erzählen hat, kann es durchaus sein, dass Sie sich nicht mit den richtigen Leuten umgeben. Vielleicht müssen Sie das Gespräch mit Menschen suchen, mit denen Sie mehr gemeinsam haben als mit Kollegen, Kommilitonen oder sogar Familienmitgliedern, die zwar leicht verfügbare Gesprächspartner sind, aber nicht unbedingt Ihre „Leute" sind.

Wenn Sie sich selbst und das Spektrum der Dinge, die Sie interessieren, erweitern, hat das manchmal den Effekt, dass andere Menschen interessanter erscheinen. Probieren Sie es aus, gehen Sie Risiken ein und vermeiden Sie die Annahme, dass Sie die Dinge kennen, bevor Sie sie ausprobieren. Wenn Sie anderen nicht richtig zuhören, könnte das Teil eines umfassenderen Unbehagens in Bezug auf andere Menschen, eines geringen Selbstwertgefühls, einer Depression, Angst oder einer Unzufriedenheit in Ihrem eigenen Leben sein.

Menschen, die von anderen gemobbt oder schlecht behandelt wurden, können einen hochmütigen, herablassenden Tonfall als Abwehrmechanismus annehmen oder als eine Möglichkeit, die Tatsache zu verbergen, dass sie das Gefühl haben, dass es *andere* sind, die *sie* nicht mögen. Wie wir bereits gesehen haben, kann die Perspektive, dass andere Feinde oder Rivalen sind, ein soziales Leben zerstören.

Schließlich kann das Gefühl, an anderen desinteressiert zu sein, einfach eine Phase des Lebens sein, eine Periode der Unreife oder eine Folge des Alters oder des Lebens in einer bestimmten Umgebung. Jüngere Menschen können oft etwas als wertlos ansehen, wenn sie nicht persönlich etwas davon haben - es braucht Erfahrung und Weisheit, um von diesem Eigeninteresse wegzukommen und zu gesunden Beziehungen mit anderen zu gelangen.

Lang lebe Conan

Ich habe herausgefunden, dass die absolut beste Denkweise, die man für tiefes Zuhören nachahmen kann, die eines Talkshow-Moderators ist - Jimmy Fallon, Jimmy Kimmel, Conan O'Brien, wer auch immer Ihr Favorit ist, sie alle machen das Gleiche. Fragen Sie sich einfach, was sie tun würden, wenn Sie Neugierde wecken wollen und wie Sie dies erreichen können. Conan O'Brien ist zufällig mein Favorit, also lassen Sie uns über die Charaktereigenschaften nachdenken, die er in einem Gespräch mit einem Gast in seiner Show darstellt.

Stellen Sie sich sein Studio vor. Er hat einen großen offenen Raum, und er sitzt an einem Schreibtisch. Sein Gast sitzt auf einem Stuhl neben dem Schreibtisch, und es ist buchstäblich so, als würden sie in ihrer eigenen Welt sein. Wenn Conan einen Gast in seiner Show hat, ist dieser Gast das Zentrum seiner Welt für die nächsten zehn Minuten. Er ist die interessanteste Person, der er je begegnet ist. Alles, was er sagt, ist fesselnd, er ist unersättlich neugierig auf seine Geschichten, und er reagiert auf alles was er sagt mit einem schallenden Lachen oder einer anderen überbordenden Geste, so wie man es sich wünscht. Er ist charmant positiv und kann immer eine humorvolle Wendung für einen negativen Aspekt einer Geschichte finden.

Sein einziges Ziel ist es, dass sich seine Gäste in der Show wohlfühlen, sie dazu ermutigen, über sich selbst zu sprechen, und sie letztendlich dazu bringen, sich gut zu fühlen und gut auszusehen. Das wiederum bringt sie dazu, Dinge zu erzählen, die sie sonst vielleicht nicht preisgeben würden und dies schafft eine Verbindung und Chemie, die für eine Talkshow so wichtig ist. Die Zuschauer zu Hause wollen unbedingt etwas über diesen prominenten Gast erfahren, also fungiert Conan als Stellvertreter für ihre Neugier. Außerdem können die Zuschauer sofort erkennen, ob einer der beiden Gesprächspartner etwas ehrlich meint oder vortäuscht, so dass Conans Job buchstäblich von seiner Fähigkeit abhängt, seine Neugier zu nutzen, um eine Verbindung auf einer tieferen Ebene herzustellen.

Selbst bei mürrischen oder ruhigeren Gästen ist er in der Lage, ihr Energieniveau und ihre Einstellung zu heben, indem er sich einfach intensiv für sie interessiert (auf einem Energieniveau, das leicht über dem ihren liegt) und sie ermutigt, indem er die tollen Reaktionen gibt, die sie sich wünschen. Es ist fast so, als ob er das Spiel „Wie wenig kann ich sagen, um das meiste aus den Leuten herauszuholen?" spielt.

In Ihrem Leben gilt das natürlich auch für die Menschen, denen Sie begegnen, mit denen zu reden wie Zähne ziehen ist. Ein wenig freundliche Ermutigung und Bestätigung kann selbst die kleinste Muschel dazu bringen, sich zu öffnen. Zahlreiche Fragen, das Lenken des Gesprächs auf sie und das Gefühl, dass Sie sich tatsächlich für sie interessieren, gehören ebenfalls dazu. Stellen Sie sich die Erleichterung vor, die Sie bei gefürchteten Networking-Veranstaltungen schaffen können. Menschen mögen diejenigen, die sie mögen. Wenn Sie also so reagieren, wie sie es sich wünschen, ermutigt es sie, kontaktfreudiger und offener mit Ihnen zu sein.

Ein anderer Talkshow-Moderator gab später zu Protokoll, wie oft er seine Gäste nicht mochte und wie langweilig er die Schauspieler und Schauspielerinnen fand, mit denen er zu sprechen gezwungen wurde. Aber das ist ein Beweis dafür, wie sehr seine Gewohnheit der Neugierde trainiert war. Er begann mit einer bewussten Entscheidung, neugierig zu sein, baute die Gewohnheit auf und engagierte seine Gäste mit Leichtigkeit; glauben Sie, seine Gäste konnten erkennen, ob er wirklich interessiert war oder nicht? Niemals.

Neugierde ermöglicht es Menschen, sich wohl genug zu fühlen, um unbefangen über eine oberflächliche Ebene hinaus mit Ihnen zu sprechen - weil Sie zeigen, dass Sie sich kümmern und zuhören, wenn sie sich öffnen. Schließlich werden die Leute nicht geneigt sein, ihre geheimen Gedanken zu offenbaren, wenn sie denken, dass sie mit Apathie empfangen werden. Selbst wenn Sie es also lange üben müssen, ist Conan O'Brien derjenige, dessen Denkweise und Haltung Sie anstreben sollten.

Für den Fall, dass Conan O'Briens Neugier immer noch nicht von selbst zu Ihnen kommt, finden Sie hier einige spezifischere Denkmuster, mit denen Sie Ihre Fähigkeiten im Umgang mit Menschen verbessern können.

Ich frage mich, wie sie sind? Wenn Sie anfangen, die andere Person zu bewundern, ändert das Ihre Perspektive auf sie völlig.

Dies ist eine Andeutung von Neugierde. Sie fangen an, sich für sie zu interessieren - nicht nur für ihre oberflächlichen Eigenschaften, wie ihren Beruf oder wie ihr Tag verläuft, sondern was sie motiviert und sie dazu bringt, so zu handeln, wie sie es tut.

Ein Gefühl der Bewunderung für jemanden zu haben, ist eine der mächtigsten Geisteshaltungen, die Sie besitzen können, weil es Sie dazu bringt, den Reiz stillen zu wollen. Das Stillen des Reizes der Neugier wird zweitrangig gegenüber allem anderen, weil Sie einfach etwas über die andere Person wissen wollen.

Angenommen, Sie haben als Kind Computer bewundert. Wahrscheinlich haben Sie andere damit irritiert, wie viele Fragen Sie jedem gestellt haben, der scheinbar Wissen über Computer hatte. Welche Art von Aufmerksamkeitsspanne werden Sie nun als Erwachsener den Computern widmen, und welche Art von Fragen werden Sie stellen? Sie werden die Smalltalk-Interview-Fragen überspringen und direkt zu den

Details kommen, weil es das ist, was Sie interessiert und neugierig macht.

Wenn Sie die Haltung der Bewunderung beibehalten, wird sich die Art und Weise, wie Sie mit Menschen interagieren, völlig verändern, weil Sie sich plötzlich dafür interessieren, und oft merken wir gar nicht, dass uns die Person, mit der wir sprechen, egal ist. Sie werden tiefer und tiefer graben, bis Sie ein Bild von dem, was Sie bewundern, zusammensetzen können.

Was kann er mir beibringen? Lesen Sie dies nicht aus der Perspektive, dass Sie versuchen, von jemandem zu bekommen, was Sie können. Sehen Sie stattdessen andere als Menschen, die Ihrer Aufmerksamkeit wert sind. Jeder hat wertvolles Wissen, ob es nun auf Ihr Leben zutrifft oder nicht. Jeder ist in irgendetwas großartig, und jeder ist ein Experte auf einem Gebiet, auf dem Sie es nicht sind, egal wie klein oder obskur das Thema ist.

Es geht vor allem darum, ein Interesse an der anderen Person zu entfachen, im

Gegensatz zu einer apathischen Annäherung. Stellen Sie sich vor, Sie wären ein riesiger Skifan und Sie treffen jemanden, der früher ein professioneller Skifahrer war. Er hat in seiner Blütezeit sogar an den Olympischen Spielen teilgenommen.

Was wird daraus folgen? Sie werden begeistert sein von dem, was Sie potenziell von der anderen Person lernen und gewinnen können, und das wird die gesamte Interaktion leiten. Auch hier wird es ein gewisses Maß an Interesse und Engagement geben, wenn Sie den anderen als würdig erachten, mit ihm zu sprechen. Aber Sie werden es nie wissen, wenn Sie nicht an der Oberfläche kratzen.

Ob wir es zugeben wollen oder nicht, manchmal haben wir das Gefühl, dass manche Menschen unsere Zeit nicht wert sind. Das ist eine schlechte Angewohnheit, und diese Denkweise sollte als erstes durchbrochen werden. Jeder Mensch ist unsere Zeit wert, aber wir werden nicht in der Lage sein, das zu entdecken, wenn wir uns nicht die Mühe machen.

Was haben wir gemeinsam? Dies ist eine Untersuchung der Lebenserfahrungen, die Sie mit jemandem teilen. Es macht ihn sofort einnehmender und interessanter - weil wir das Gefühl haben, dass er uns ähnlicher ist! Es mag ein wenig egoistisch klingen, aber wir sind zweifellos mehr von Menschen gefesselt, die unsere Ansichten und Interessen teilen.

Das Finden von Gemeinsamkeiten kann Menschen sogar *erheben*, besonders wenn wir von Menschen umgeben sind, die anders sind als wir. Wenn Sie zum Beispiel entdecken, dass ein neuer Fremder im selben Krankenhaus geboren wurde wie Sie, obwohl er in einem anderen Land lebt, würden Sie sich ihm gegenüber sofort offener fühlen. Diese Person *muss* ähnliche Weltanschauungen, Werte und Humor haben. Aber das hätten Sie nicht entdeckt, wenn Sie nicht den Versuch unternommen hätten, an der Oberfläche zu kratzen.

Sie werden auf die Jagd gehen müssen, und Sie werden die wichtigen Fragen stellen, die

Sie ans Ziel bringen. Vielleicht springen Sie von Thema zu Thema, oder Sie tauchen ein und fragen direkt.

Vielleicht brauchen Sie nur etwas, woran Sie sich festhalten können, außer dem Reden um des Redens willen, aber diese Einstellung wird die Art, wie Sie auf Menschen zugehen, drastisch verändern. Neugier kann immer noch schwer aufrechtzuerhalten sein, weshalb mein letzter Vorschlag zum Entfachen von Neugier darin besteht, ein Spiel daraus zu machen. Ihr Ziel ist es, so viel wie möglich über die andere Person zu erfahren. Oder nehmen Sie an, dass es etwas extrem Spannendes und Aufregendes an der anderen Person gibt, und machen Sie es zu Ihrer Aufgabe, dies herauszufinden. Irgendwann werden Sie finden, wonach Sie suchen.

Wenn Sie das nächste Mal in ein Café oder einen Laden gehen, testen Sie diese Einstellungen mit dem gefangenen Publikum der Baristas oder Kassierer, denen Sie begegnen - den wenigen

Glücklichen, die dafür bezahlt werden, nett zu Ihnen zu sein. Nehmen Sie diese Mitarbeiter als unter Ihnen stehend wahr, oder behandeln Sie sie anders als einen guten Freund? Haben Sie ein Gefühl der Bewunderung und Neugierde ihnen gegenüber? Was glauben Sie, können sie Ihnen beibringen, und was haben Sie mit ihnen gemeinsam?

Neigen Sie dazu, die Baristas oder Kassiererinnen nach ihrem Tag zu fragen und interessieren sich tatsächlich für ihre Antwort? Wenn nicht, glauben Sie, dass Sie in der Lage sein werden, dies einfach „einzuschalten", wenn Sie in der Nähe von Menschen sind, die Ihnen wichtig sind? Üben Sie, Ihre Einstellung zu den Menschen um Sie herum zu ändern. Es ist die einfachste Übung, die Sie machen können, weil Sie keinen Finger rühren müssen, aber sie verändert die Qualität der Beziehungen, die Sie schaffen, drastisch.

Fazit:

- Wir haben alle zwei Ohren, aber nur

einen Mund, richtig? Das bedeutet, dass wir doppelt so viel zuhören wie sprechen sollten, aber in Wahrheit geht das gegen unseren natürlichen Instinkt. Wir sind dazu bestimmt, uns auszudrücken und über uns selbst zu sprechen – so weitreichend, dass es die gleiche Art von neurologischer Stimulation bietet wie Sex. Das ist okay, aber das bedeutet nicht, dass pausenloses Reden akzeptabel oder hilfreich für unsere Beziehungen ist.

- Es ist an der Zeit, Zuhören als die wahre Win-Win-Situation bei der Kultivierung tieferer Beziehungen zu betrachten. Wenn Sie zuhören, lernen Sie nicht nur etwas über jemanden, sondern Sie werden (paradoxerweise für manche) als charismatischer, interessanter und angenehmer in der Interaktion wahrgenommen. Wenn es also Ihr Ziel ist, diese Dinge zu verkörpern, ist Zuhören die Fähigkeit, die Sie perfektionieren müssen. Es ist eine einfache Fähigkeit, die sicherlich nicht leicht ist.
- Die Herausforderung besteht darin, dass

es so viele unbewusste Wege gibt, wie wir die Kontrolle über ein Gespräch an uns reißen und zu einem Gesprächs-Narzissten werden. Das ist einfach dann der Fall, wenn jemand so viel spricht, dass es wie ein Monolog und nicht wie ein gemeinsamer Dialog erscheint. Eine subtile Art und Weise, wie dies geschieht, ist durch unterstützende versus verschiebende Antworten, bei denen das Gefühl, das Sie dem anderen vermitteln, von einer einzigen Wortwahl abhängen kann. Das zugrundeliegende Thema ist jedoch, das Loslassen von Kontrolle, Stolz und Ego zu akzeptieren und dorthin zu gehen, wohin jemand anderes gehen möchte.

- Ein bewussteres Hindernis, mit dem viele Menschen konfrontiert sind, ist das Gefühl, dass die Menschen, mit denen sie zu tun haben, ziemlich langweilig sind und nichts Sinnvolles zu sagen haben; ihnen zuzuhören ist also keine gute Verwendung ihrer Zeit. Allein wenn Sie diesen Satz lesen, sollten Sie in der Lage sein, ein paar Fehler zu erkennen. Wenn Sie denken, dass die meisten Menschen,

denen Sie begegnen, langweilig sind, sind Sie der Langweiler. Sie lassen zu, dass ein Vorurteil Ihre Handlungen diktiert und Ihre Interaktionen ruiniert. Erwarten Sie stattdessen, dass Sie etwas faszinierend und reizvoll finden werden, und genau das wird passieren.
- Wenn Sie ein Vorbild dafür suchen, wie man Informationen aus Menschen herausholt, betrachten Sie einfach Late-Night-Talkshow-Moderatoren. Ihr einziger Job ist es, einen Prominenten, der oft nicht witziger ist als Sie oder ich, ungeheuer charmant und intelligent erscheinen zu lassen. Das ist manchmal eine schwierige Aufgabe. Denken Sie an die Energie, den Fokus, die Aufmerksamkeit und das Zuhören, die sie aufwenden, um das zu schaffen. Das ist es, was möglich ist.

Kapitel 2. Stile, Rahmen und Ebenen

Stellen Sie sich eine Szene vor, die einigen Paaren nur allzu bekannt vorkommen mag. Person X hat eine schlechte Erfahrung gemacht und ist verärgert und erzählt nun Person Y, was passiert ist. Person Y hört zu - wirklich zu - und doch läuft das Gespräch nicht gut und endet schließlich schlecht. Es geht so:

X: Ich hatte heute so eine schreckliche Zeit auf der Arbeit. Ugh, ich hasse meinen Job.
Y: Oh? Ich dachte, es gefällt dir dort. Wo ist das Problem?

X: Ich weiß nicht, ich habe nur manchmal das Gefühl, dass ich nie eine Pause bekomme, als ob ich sofort gehetzt werde, sobald ich zur Tür hereinkomme...
Y: Wirklich? Du hast doch letzte Woche gesagt, dass dir die Arbeit Spaß macht.

X: Nun, ja, ich meine, natürlich genieße ich es manchmal. Ich fühle mich nur so wenig gewürdigt, weißt du?
Y: Mhm-hm. Vielleicht solltest du um eine Gehaltserhöhung bitten.

X: Nein, das ist es nicht. Heute hat sich Z nicht einmal dafür bedankt, dass ich ihm aus einer Notlage geholfen habe, und ich fühlte mich so...
Y: Hast du es Z gesagt? Wie auch immer, du bist Zs Vorgesetzter, also...

X: Das *weiß* ich. Aber heißt das, dass ich für immer und ewig für alle den Kopf hinhalten muss?
Y: Also... du hast Z nicht gesagt, was du fühlst?

X: Du hörst nicht zu! Es geht nicht um Z!
Y: Mensch, worum geht es *dann*? Ich frage immer wieder, aber du sagst mir nichts.
X: Ugh, vergiss es einfach.

Was ist hier schiefgelaufen? Vielleicht hatten Sie selbst schon eine Version dieses Streits - und haben sogar beide Rollen gespielt!

Y ist vielleicht wirklich daran interessiert, das Gespräch fortzusetzen, möchte „helfen" und tut all die Dinge, die wir als gute Gesprächstechnik besprochen haben. Aber Y fühlt sich immer noch nicht zugehört - und das liegt daran, dass sie unterschiedliche Zuhörstile haben und sich dieser Tatsache scheinbar nicht bewusst sind.

Es ist mehr oder weniger so einfach wie bei jemandem, der Rechts- oder Linkshänder ist - es gibt einen natürlichen Instinkt und eine natürliche Handlungsweise, aber das bedeutet nicht, dass sie optimal funktionieren kann oder sollte. Aufgrund unserer Hintergründe, Erfahrungen und Vorlieben haben wir alle eine bestimmte Herangehensweise an die Welt. Sollte es also überraschen, wenn unsere Herangehensweise nicht mit der eines anderen übereinstimmt und eine Art Hör-Albtraum entsteht?

Wir haben einen Blick auf einige der Fähigkeiten und Einstellungen geworfen, die wir entwickeln können, um uns zu besseren Zuhörern und damit zu besseren Kommunikatoren und effektiveren und ausgeglicheneren Menschen zu machen. In diesem Kapitel geht es erneut darum, wie wichtig es ist, sich der Stärken und Schwächen des eigenen Kommunikationsstils bewusst zu sein, bevor man versucht, neue Techniken oder Fähigkeiten zu erlernen.

Eine Möglichkeit, das obige Gespräch zu verstehen, besteht darin, anzuerkennen, dass selbst wenn Menschen zuhören, sie unterschiedliche *Arten* des Zuhörens haben können - und dass gegensätzliche Stile oft zu Missverständnissen oder Konflikten führen können. Wie bei so vielem in der sozialen Meisterschaft kommt es auf das Bewusstsein an und auf die Bereitschaft, flexibel genug zu sein, um die Verbindung mit den Menschen um uns herum zu priorisieren.

Bevor wir fortfahren, müssen wir eine wichtige Tatsache betonen: Gesprächsstile können unterschiedlich sein, aber das bedeutet nicht, dass der eine richtiger ist als der andere. Wenn wir versuchen, andere Menschen und ihre Art zu kommunizieren zu verstehen, bedeutet das nicht, dass wir versuchen, sie zu korrigieren oder sie dazu zu bringen, unsere Sicht der Dinge zu übernehmen. Aber es hilft uns, andere besser zu verstehen - und wenn wir sie verstehen, werden sie uns viel eher verstehen! Und ist es nicht das, worum es bei Gesprächen geht?

Menschen, Emotionen und Herz

Der Psychologe Larry Barker schlug vier verschiedene Kommunikationsstile vor, die auf den Vorlieben und Persönlichkeiten der Menschen und dem Zweck des Gesprächs mit Ihnen basieren. Wenn wir das Gespräch betrachten, mit dem das Kapitel begann, können wir deutlich sehen, dass wir unseren Kommunikationsstil verstehen und auf den anderer Menschen abstimmen müssen, um effektiver zuhören zu können.

Intuitive Leser werden sofort die zwei unterschiedlichen Stile der sprechenden Personen im obigen Beispiel erkennen. Was machte sie so unterschiedlich? Warum schienen sie sich nicht zu „verstehen"?

Barkers erster Ansatz ist der **„menschenorientierte"** Stil, der, wie es klingt, ein Zuhörstil ist, der auf die Menschen als Ganzes und ihre Gefühle achtet. Dies sind kooperative, kollektiv denkende Menschen, die versuchen, andere zu verstehen, Empathie zu haben und Zusammenhalt und Harmonie in einer

Gruppe zu entwickeln. Während es ein Problem sein kann, dabei zu weit zu gehen (d.h. ein bisschen irrational zu sein, sich von Emotionen mitreißen zu lassen, Grenzen zu verletzen oder überwältigt zu werden), ist dies im Großen und Ganzen ein großartiger Stil, den Sie sich zu eigen machen können, wenn es Ihr Ziel ist, zwischenmenschliche Verbindungen herzustellen und Beziehungen aller Art zu verbessern.

In unserem Beispiel erzählte X eine *emotionale* Geschichte - es ging um seine Gefühle zu einem Ereignis, und er suchte Einfühlungsvermögen, Verständnis und einen Zeugen für diese Gefühle. Er bewegte sich auf einer ganz bestimmten Erfahrungsebene - einer, in der es um seine Gefühle ging und das Ziel des Erzählens war, diese Gefühle anerkannt und bestätigt zu bekommen.

Allerdings war Y in seinem Zuhörstil nicht menschenorientiert, sondern **„inhaltsorientiert"**, wie man es nennt. Wenn diese Menschen zuhören, konzentrieren sie sich auf Fakten, Daten und das, *was* gesagt wird, und nicht darauf, wie es gesagt wird oder wer es sagt. Sie versuchen vielleicht eher, die Glaubwürdigkeit des Sprechers zu bestätigen, als Unterstützung und Mitgefühl anzubieten - schließlich besteht ihrer Meinung nach der Zweck des Gesprächs darin, Fakten zu finden oder Probleme zu lösen. Sie befinden sich auf einer ganz anderen Ebene als menschenorientierte Gesprächspartner und haben ganz andere Ziele beim Sprechen und auch beim Zuhören.

Ein solcher Zuhörstil ist eher unbeteiligt, neutral und unpersönlich, sucht aber nach Details, nach Mustern oder Ursache und Wirkung und versucht, das logische Argument in einer Geschichte zu entschlüsseln und nicht den menschlichen Inhalt. Verständlicherweise kann eine solche Herangehensweise katastrophal sein, wenn sie in intimeren Kontexten übermäßig eingesetzt wird, und ist eher für geschäftliche oder formelle Beziehungen geeignet.

Wie Sie vielleicht schon vermutet haben, hörte Y in unserem Beispiel der Geschichte von X zu, „hörte" aber nur die wörtlichen Fakten. Anstatt zu verstehen, was gebraucht wurde oder in welchem Geist das Gespräch angestoßen wurde, versuchte Y stattdessen festzustellen, ob das, was X sagte, wahr war („Aber hast du nicht gesagt...") oder Lösungen für ein Problem vorzuschlagen, das X nicht wirklich als den Konflikt darstellte („Du solltest um eine Gehaltserhöhung bitten"). Sie können sehen, warum die beiden einen Streit hatten!

Obwohl keine böse Absicht vorliegt, endet das Gespräch vor allem deshalb schlecht, weil Y nicht erkennt, dass sein Zuhörstil der Situation nicht angemessen ist, und auf der falschen Ebene antwortet. Auch der umgekehrte Fall könnte zutreffen: Wenn X und Z von der Arbeit das Thema besprechen würden, würde es beiden besser gehen, wenn sie eine inhaltsorientiertere Herangehensweise wählen würden.

Es lohnt sich, dies zu wiederholen: Das Problem war hier nicht, dass eine der beiden Parteien „falsch" lag oder sich schlecht benahm, oder dass es sogar ein Problem in der Nachricht selbst gab. Vielmehr können wir bei Gesprächen sehen, dass der individuelle Unterschied, der Kontext und die Absicht den Unterschied ausmachen.

Es gibt jedoch zwei weitere Stile in Barkers Theorie und einige natürliche Überschneidungen zwischen beiden.
„Handlungsorientierte" Zuhörer sind neugierig darauf, was getan werden muss oder bereits getan wurde, wer es tut und welche Aktionen im Gange sind. Für sie müssen die Dinge klar, offensichtlich und auf die reale Welt übertragbar sein. Wenn der Stil nicht passt, können diese Zuhörer ungeduldig, kontrollierend oder abweisend gegenüber anderen erscheinen und auf Gedanken oder Emotionen mit einer Art „Na und?"-Haltung reagieren.
Führungskräfte und Personen in handlungsorientierten Berufen können in diesem Ansatz stecken bleiben, was sich

nachteilig auf ihre persönlichen Beziehungen auswirkt.

Handlungsorientierte Menschen sagen vielleicht häufig Dinge wie „Was haben Sie dagegen unternommen?" oder „Haben Sie das und das versucht?", weil sie denken, dass das Einzige, was in einer Diskussion zu berücksichtigen ist, die nächste Vorgehensweise ist. Obwohl sie ihre Herangehensweise als praktisch und problemlösungsorientiert ansehen können, können andere sie als völlig am Thema vorbei sehen. Handlungsorientierte Menschen reden nur, um das zu ermöglichen, was sie für das Wichtigste halten: Dinge zu tun.

Und schließlich legen möglicherweise **„zeitorientierte"** Zuhörer den größten Teil ihrer Aufmerksamkeit auf die Zeit und wie sie sich in Geschichten, Anfragen oder Gesprächen auswirkt. Sie konzentrieren sich typischerweise auf Zeitpläne und darauf, Gespräche in ordentliche Zeitblöcke einzuteilen, die sie vorhersehbar verwalten können. Wenn sie anderen zuhören, werden sie ständig versuchen, „abzuschließen", zusammenzufassen, auf den Punkt zu kommen oder in irgendeiner Weise auf die Zeit zurückzugreifen. Für die Teilnehmer anderer Gruppen kann sich das wie ein seltsamer Fokus anfühlen, was dazu führt, dass sich beide Parteien genervt und abgelenkt fühlen.

Das Wichtigste dabei ist, dass keine dieser Tendenzen fixiert ist - wir alle können von einem Stil zum anderen wechseln, aber es kann einige Mühe und Übung erfordern, besonders für diejenigen, die sehr an ihren Stilen hängen. Wenn es so aussieht, als könnten sich viele dieser Stile überschneiden, haben Sie recht, und es gibt wahrscheinlich noch weitere Stile als die hier skizzierten (was ist mit dem Gesprächs-Narzissten, dem wir schon begegnet sind, der vielleicht eher praktisch oder emotional veranlagt ist, aber dennoch eine überwältigende Vorliebe für ein einziges Thema hat: sich selbst)?

Kein Stil ist besser oder schlechter als der andere; vielmehr ist ein effektiver

Kommunikator jemand, der sich jeder Herangehensweise als Werkzeug in einem Inventar bewusst ist, das er nach Bedarf austauschen kann. Mehr als das, wir müssen in der Lage sein, die Gesprächswerkzeuge zu erkennen, die wir bei anderen sehen. Würden wir nicht unsere Herangehensweise ändern, wenn wir wissen, dass wir mit einer eher herzzentrierten Person sprechen und nicht mit einer eher kopfzentrierten? Wichtig ist, dass Sie sich Ihres eigenen Kontexts und der Bedürfnisse von sich selbst und anderen bewusst sind, um einen Ansatz zu wählen, der für alle Beteiligten die besten Erfolgsaussichten hat.

Diese verschiedenen Hörstile lassen sich nach den Theorien des Bildungspsychologen Benjamin Bloom etwas anders einrahmen, obwohl Versionen dieser Theorie vielleicht schon Tausende von Jahren alt sind. Menschen können so verstanden werden, dass sie eine allgemeine Vorliebe für das **Fühlen** (das Herz, emotional), das **Denken** (der Kopf, kognitiv) oder das **Tun** (die Hände, verhaltensbezogen) haben.

Menschen mit einer Vorliebe dafür, das Leben mit dem Kopf (dem Denken) anzugehen, sind wie die oben erwähnten „inhaltsorientierten" Menschen und werden Probleme wahrscheinlich als eine Frage mangelnden Wissens oder unzureichenden Verständnisses darstellen. Wenn Sie mit einer solchen Person sprechen, ist es hilfreich, anzuerkennen, dass sie neue Dinge lernt und sich mit ihrer Welt über rationale, strukturierte, kognitive Mittel auseinandersetzt.

Dies könnte dazu führen, dass man eher zielgerichtetes „informatives Zuhören" bevorzugt - aktives Zuhören für Fakten, Details, Argumente oder Daten, ähnlich wie ein Student einer Vorlesung aufmerksam zuhören würde. Während dies für Firmenumgebungen oder in Universitäten großartig ist, ist es in romantischen Beziehungen weniger ideal, wie unser vorheriges Beispiel mit X und Y zeigt.

In ähnlicher Weise kann diese Orientierung eine kritischere Art des Zuhörens begünstigen, bei der Informationen auf ihren Wahrheitsgehalt, ihre Kohärenz und ihren Wert hin analysiert und bewertet werden. Wichtig ist, dass dies immer noch ziemlich inhaltsorientiert ist, besonders wenn ein solcher Zuhörer die Emotionen und Wünsche des Sprechers als relevante Daten vernachlässigt hat. Solche Menschen sehen vielleicht auf handlungsorientierte Sprecher herab und halten sie für unintelligent, oder sie ziehen insgeheim die saubere und abstrakte Theorie der chaotischen realen Welt vor. In ähnlicher Weise fürchten sie vielleicht Emotionen und haben ein starkes Bedürfnis, die Gefühle anderer zu kontrollieren, wenn sie ihnen begegnen.

Ein Beispiel ist ein Arzt, der der Geschichte eines Patienten aufmerksam zuhört, aber nur die medizinischen Fakten herausfiltert, um eine Diagnose zu stellen, während er den emotionalen Inhalt ignoriert. Ein Anwalt hört vielleicht einem Klienten oder Kollegen zu, der über einen Fall spricht, und versucht aktiv, fehlende Informationen, Fehler in einem Argument, Chancen und Schwächen herauszuhören. Das Ziel ist es, zu einem ganz bestimmten Zweck zuzuhören - so viele qualitativ hochwertige Daten wie möglich zu sammeln, um die Arbeit richtig zu erledigen.

„Hands"-Menschen handeln zuerst und denken später, oder, genauer gesagt, sie scheinen zu denken, *indem* sie tun. Für sie ist die direkte, reale Erfahrung der Goldstandard, und sie setzen sich mit der Welt über ihre psychomotorischen Fähigkeiten und die Arbeit mit den Händen auseinander. Sensibel und praktisch veranlagt, können sie eine gegenseitige Verachtung für allzu kognitive Denkertypen empfinden, da sie glauben, dass diese Menschen Zeit verschwenden und kein wirkliches Verständnis für Probleme haben. Ebenso können sie sich über „weiche", herzzentrierte oder auf Emotionen und Beziehungen fokussierte Menschen ärgern, weil sie das Gefühl haben, dass es ihnen an Willen oder Rückgrat fehlt.

Ein Beispiel ist ein Manager bei der Arbeit, der sich den Bericht eines Mitarbeiters über ein Problem im Büro anhört. Auch wenn der Mitarbeiter viele neutrale Informationen weitergibt, zusammen mit einigen emotionalen Details („jeder im Verkauf schwitzt jetzt wie verrückt..."), hört der Manager vielleicht nur auf das, was er für die entscheidenden Informationen hält: was hat der Mitarbeiter bisher tatsächlich getan und hat es funktioniert? Theorien, Grübeleien, Sorgen und Analysen interessieren ihn vielleicht nicht so sehr. Für ihn ist es nicht wichtig, solange es nicht in die Tat umgesetzt wurde.

„Herz"-Menschen priorisieren emotionale, beziehungsbezogene und ganzheitliche Inhalte an erste Stelle und setzen sich mit der Welt durch ihr eigenes gefühltes direktes Erleben auseinander, sowie durch ihr Streben nach Harmonie und Verbundenheit. Was für „Herz"-Menschen wichtig ist, sind Motivationen, Werte, Wertschätzung, Gefühle und Beziehungen. Sie praktizieren vielleicht wertschätzendes oder einfühlsames Zuhören - wobei das Ziel lediglich darin besteht, Unterstützung oder Sympathie zu zeigen und den Sprecher zu ermutigen. Oft ist dies die wahre Reaktion, die wir uns von anderen wünschen, und es ist die Art der Interaktion, die tiefere Beziehungen und einen offenen Dialog fördert. Es ist ein großer Teil der Art des Zuhörens, die wir in diesem Buch trainieren wollen, obwohl die anderen natürlich auch ihren Zweck und Nutzen haben.

Ein Beispiel für eine Herzenshaltung ist jemand, der in der Lage ist, einen Freund reden zu hören und einfach aufmerksam zuzuhören, vielleicht gelegentlich eine Frage zu stellen oder einen unterstützenden Ton oder Satz anzubieten. Das stereotype „Wie fühlst du dich dabei?" wird allgemein als schlechte Praxis angesehen, aber alle guten Psychologen, Berater, Betreuer usw. nehmen in der Tat diese Position in ihrer Konversation ein - sie wollen wissen, was die andere Person fühlt, und die Details sind eher zweitrangig.

Menschen, die aus einer Herz-Perspektive zuhören, haben Zugang zu einer wertvollen zwischenmenschlichen Fähigkeit. Obwohl nicht alle herzorientierten Menschen notwendigerweise einfühlsam oder ausgezeichnete Zuhörer sind, kann man mit Fug und Recht behaupten, dass man sich nicht auf einer zutiefst persönlichen und menschlichen Ebene verbinden kann, ohne im Herzen zu sein.

Einfühlsames Zuhören ist Zuhören ohne Beurteilung, Unterbrechung oder das Bedürfnis, die andere Person zu korrigieren, und mit der Absicht, die Erfahrung einer anderen Person einfach so zu hören und zu verstehen, wie sie ist. Idealerweise würde der Therapeut, dem wir am Anfang dieses Buches begegnet sind, einfühlsames Zuhören anwenden, anstatt anzunehmen, dass er bereits genau weiß, was sein Klient sagt. Menschen, die sich auf das Herz konzentrieren, empfinden die Betonung des Intellekts vielleicht als kalt und sogar unmenschlich und sind misstrauisch gegenüber denjenigen, die ihre eigenen Emotionen oder die anderer Menschen vernachlässigen.

Natürlich ist all diese Kategorisierung von Menschen in verschiedene Gruppen wohl eine „Kopf"-Aktivität und nicht dazu gedacht, endgültige Regeln über Menschen aufzustellen, sondern vielmehr Muster aufzuzeigen, die uns allen helfen könnten, effektiver miteinander umzugehen. Für unsere Zwecke sind diejenigen, die sich mit den „Herz"-Fähigkeiten wohlfühlen und diese beherrschen, ausnahmslos gute Kommunikatoren. Während wir das Ziel haben, uns der verschiedenen Modi bewusst zu sein, uns ihnen anzupassen oder bei Bedarf zu ihnen zu wechseln, müssen wir vielleicht mit der affektiven und emotionalen Perspektive beginnen.

Der korrekte Rahmen

Eng verbunden mit dieser Diskussion über Zuhörstile und einzigartige Gesprächsperspektiven ist die Idee der „Rahmen". Beim Lesen der vorangegangenen Absätze haben Sie vielleicht richtig bemerkt, dass die Art des Zuhörens, die Menschen verwenden, auch viel mit dem Kontext zu tun hat. Es kommt darauf an, mit wem man spricht, warum, und was die vorangegangene Situation war. Ein Gesprächsrahmen ist größer als die Personen innerhalb des Gesprächs. Der Rahmen wird durch den breiteren Kontext, die gemeinsame Geschichte, die Annahmen und Parameter, die um die Interaktion herum gezeichnet werden, die einzigartige Beziehung zwischen den sprechenden Personen und wie ihr Gespräch in all das hineinpasst, gesetzt.

Wonach sucht jemand, was ist Ihr natürlicher Stil, und wie müssen Sie die Dinge neu gestalten, um besser zu kommunizieren? Das sind Fragen, mit denen Sie sich zumindest im Vorübergehen beschäftigen sollten.

Unser früheres Beispiel zwischen X und Y könnte weniger mit ihren individuellen Persönlichkeiten und Zuhörstilen zu tun haben als vielmehr mit der Tatsache, dass sie einfach keinen gemeinsamen Gesprächsrahmen hatten - der eine wollte Mitleid, während der andere versuchte, Ratschläge und praktische Vorschläge zu geben. Und wir haben gesehen, dass dieses

Gespräch an sich nicht „schlecht" ist, aber in einem bestimmten Kontext mehr Sinn machen würde als in einem anderen.

In gewisser Weise können *Rahmenunterschiede einen* Großteil der zwischenmenschlichen Konflikte erklären, und wenn Sie geschickt darin werden, sie zu bemerken, geben Sie sich selbst ein mächtiges Werkzeug, um Missverständnisse zu lösen.

Also, was ist ein Rahmen? Ein Rahmen ist wie ein Standpunkt, aber anstatt sich auf eine Person zu beziehen, ist er eher wie eine temporäre Plattform, die zwei oder mehrere Personen einnehmen, wenn sie ein Gespräch führen.

In Ihrem Rahmen kann es darum gehen, eine Machtdynamik zu behaupten, ein Problem zu lösen, sich gegenseitig zu bestätigen, Informationen auszutauschen, sich zu beschweren, beiläufig um seiner selbst willen zu reden, ein Missverständnis zu klären, Ratschläge oder Weisheiten auszutauschen und so weiter. Ein Rahmen ist der Hintergrund, das unausgesprochene Ziel des Gesprächs. Ein Rahmen ist wie die Bühne, auf der das Gespräch gespielt wird. Ganz allgemein gesprochen, warum redet überhaupt jemand?

Wenn Sie richtig verstehen, wie Rahmen zwischenmenschliche Interaktionen prägen, können Sie einen tieferen Einblick darin gewinnen, ein besserer Zuhörer und Gesprächspartner zu sein.

Obwohl es möglich ist, einen Konflikt mit einem gemeinsamen Rahmen zu haben (zum Beispiel können zwei Personen den Rahmen des Kämpfens oder Konkurrierens teilen), führen übereinstimmende oder abgestimmte Rahmen normalerweise zu einem besseren Verständnis aller Beteiligten, während nicht übereinstimmende Rahmen zu einem kompletten Zusammenbruch der Kommunikation führen können.

Zum Beispiel:

- eine Frau versucht, von einem Verkäufer

Hilfe zu bekommen, aber der Angestellte ist mehr daran interessiert, mit ihr zu flirten;
- Jemand ruft bei einer technischen Hotline eines Call Centers an und merkt nicht, dass die Person am anderen Ende der Leitung nicht dazu da ist, über persönliche Beschwerden über das Unternehmen oder das Produkt zu reden;
- ein Freund entspannt sich am Wochenende und möchte ein angenehmes, müßiges Gespräch führen, aber sein Freund möchte in ein tiefes, herzzerreißendes philosophisches Gespräch verwickelt werden;
- Jemand bietet einen spielerischen Witz an, aber eine Person hört ihn und beschließt, ihn zu „korrigieren", wobei er die Absicht und den Tonfall, in dem der Witz gemacht wurde, völlig übersieht...
- Jemand beschwert sich über seinen Vorgesetzten bei der Arbeit und will Dampf ablassen, aber der Zuhörer erstellt sofort eine To-Do-Liste, um dem Vorgesetzten passiv-aggressiv das Leben

schwer zu machen.

Sie können sich ein Bild machen.

Für viele von uns führt das Spiel mit dem Rahmen und das Verstehen dessen, was jede einzelne Situation erfordert, zu folgendem: Umarmen der Tatsache, dass keine Lösung gesucht wird, und wieder ist einfaches Zuhören und das Vermitteln des Gefühls, gehört zu werden, die Priorität des Tages.

Ein nicht übereinstimmender Rahmen ist ein Unterschied in den Gesprächszielen - und dieser Unterschied bedeutet, dass keine der beiden Parteien ihre Bedürfnisse oder Ziele tatsächlich erfüllt bekommt. Es ist möglich, dass *eine* Partei zufrieden ist, aber typischerweise bringt nur ein angepasster Rahmen beiden Personen schnell das, was sie wollen.

Wenn es ein Missverhältnis gibt, ist der wichtigste erste Schritt, es zu bemerken. Sie wissen, dass etwas nicht stimmt, wenn sich ein Gespräch unbeholfen, gestelzt oder frustrierend anfühlt - oder wenn Sie spüren, dass die andere Person diese Dinge fühlt (hier kommt der Herzfokus ins Spiel!). Gespräche mit unpassendem Rahmen können sich oft so anfühlen, als würden sie sich im Kreis drehen, eher verwirrend als weniger verwirrend werden oder einfach langweilig sein.

Versuchen Sie als Nächstes, Ihre eigenen und die Gesprächsziele der anderen Person grob zu identifizieren. Was wollen Sie beide von dem Gespräch? Das Ungleichgewicht endet, wenn Sie beide auf derselben Seite stehen - er übernimmt Ihren Rahmen, Sie den seinen oder Sie beide übernehmen einen neuen gemeinsamen Rahmen. Es ist auch möglich, sich darauf zu einigen, innerhalb verschiedener Rahmen zu arbeiten, solange Sie gemeinsame Ziele anerkennen. Es kann hilfreich sein, sich auf eine externe Autorität oder einen Maßstab zu beziehen, um Ihre Interaktionen zu leiten („Sie sagen X und ich sage Y, aber lassen Sie uns einfach das Handbuch zu Rate ziehen und uns darauf einigen, das zu tun, was dort steht").

Was aber tun Sie, wenn das Gesprächsziel der anderen Person darin besteht, „diese Leute als Geiselpublikum zu halten, während ich sie mit Geschichten darüber verwöhne, wie absolut großartig ich bin", und Ihr Ziel einfach nur ist, eine nette Zeit auf der Party Ihres Freundes zu haben? Gesprächige Narzissten, Tyrannen, wütende Menschen oder solche, die ein Hühnchen zu rupfen haben oder sich über etwas beschweren wollen, *wollen* vielleicht nicht den Rahmen wechseln - und wenn Sie mit ihnen zu tun haben, wollen Sie das vielleicht auch nicht.

Hier ist es ratsam, sich einzugestehen, dass nicht alle Gespräche sinnvoll sind, und dass es manchmal das Beste ist, eine Interaktion zu beenden oder bestenfalls zu verschieben. Weisen Sie auf einen schlechten Rahmen hin, wenn Sie ihn sehen und denken, dass es helfen wird. Aber wenn jemand wild entschlossen ist, Sie aus einer destruktiven oder unsinnigen Perspektive heraus anzusprechen, können Sie sich immer dafür entscheiden, auszusteigen. Mit mehr

Bewusstheit können Sie dies erkennen, wenn es passiert, und sind fähig, es zu umgehen.

Das Erlernen der Meisterschaft im Umgang mit Rahmen wird Ihnen nicht nur helfen, soziale Situationen in Echtzeit zu navigieren, sondern bietet Ihnen ein breiteres Gesamtbild Ihres Kommunikationsstils im Allgemeinen. Welchen Rahmen verwenden Sie normalerweise und warum? Funktioniert er für Ihre allgemeinen Ziele im Leben? Wenn Sie manchmal nicht richtig kommunizieren, warum ist das so und was können Sie beim nächsten Mal tun, um besser zu sein? Sie können Menschen auch besser lesen und analysieren, wenn Sie einfach über deren wahrscheinlichen Rahmen nachdenken.

Fantastische Zuhörer haben eine aktive, praktische Herangehensweise an ihre Begegnungen mit anderen gewählt, anstatt sich nur unbewusst aus Gewohnheit zu verhalten und nie über die Wirksamkeit ihrer Werkzeuge nachzudenken. Sie brauchen nichts Komplizierteres zu tun, als regelmäßig zu überprüfen, ob Sie mit anderen auf einer Wellenlänge sind, und sich davor zu hüten, in nur einem Rahmen oder Zuhörstil stecken zu bleiben.

Was will jemand von dieser Interaktion/Veranstaltung/Gespräch/Chat/ Veranstaltung? Es mag nicht schwierig erscheinen, aber dieser einfache Schritt ist in der Praxis fremd. Klingt es mühsam, diese Frage zu stellen? Das ist möglich, aber es geht wirklich nur darum, sich selbst aus der Gleichung herauszunehmen und zu überlegen, was der andere in erster Linie will. Sich selbst an die erste Stelle zu setzen ist eine Gewohnheit, die tief verwurzelt und schwer zu brechen ist.

Fünf Ebenen des Zuhörens

Während wir unsere Reise durch verschiedene Arten von Stilen und Rahmen fortsetzen, beenden wir dieses Kapitel mit einem Abschnitt über verschiedene Ebenen des Zuhörens und was im Allgemeinen effektiver ist, um ein tiefgründiger Zuhörer zu werden. *Im Gegensatz zu* vorhin gibt es für einige dieser Ebenen des Zuhörens keinen besonderen Nutzen, sondern sie demonstrieren lediglich ein wechselndes Maß an Fokus und großzügigen Umgang mit Aufmerksamkeit.

Es gibt fünf verschiedene Ebenen des Zuhörens, die wir erleben, von totaler Ignoranz bis zu fast verzehrender Aufmerksamkeit. Die meiste Zeit unseres Lebens bewegen wir uns sozusagen auf den ersten vier Ebenen, die alle zumindest ein gewisses Maß an Eigeninteresse widerspiegeln. Mit anderen Worten, auf diesen vier Ebenen verwenden wir immer noch unsere eigenen Bezugspunkte, um zu interpretieren, was die andere Person sagt (wenn wir überhaupt zuhören). Viele von uns können bestenfalls hoffen, auf Stufe vier zu gelangen, und selbst auf dieser Stufe können wir uns in unseren tiefsten Absichten als ein wenig trügerisch erweisen.

In Wahrheit erreichen einige von uns die tiefste Stufe fünf nie ganz, obwohl es die wichtigste Stufe ist und die, die wir anstreben sollten. Sie beinhaltet totale Konzentration und Absorption von dem, was unser Partner sagt. Diese Stufe zu erreichen ist äußerst selten und schwer aufrechtzuerhalten. Aber um die Kommunikation in einer Beziehung voranzutreiben, ist es wichtig, dass wir *versuchen*, diese tiefste Stufe zu erreichen.

Hier sind also die Ebenen, über die wir sprechen:

- Ignorieren
- Vorgetäuschtes Hören
- Selektives Hören
- Aufmerksames Zuhören
- Einfühlsames Zuhören

1. Ignorieren

Ich wette, diese Stufe ist offensichtlich: Sie hören überhaupt nicht zu - ein Vogel Strauß, der den Kopf in den Sand steckt. Egal, ob Sie abgelenkt sind, mit etwas anderem beschäftigt sind oder ob es Ihnen schlichtweg egal ist, das Ignorieren entmutigt sofort jeden, der versucht, mit Ihnen zu sprechen. Es ist, als würde man einen Tennisball über das Netz spielen und ihn wegrollen lassen, ohne ihn überhaupt anzusehen.

Person A: Ich mache mir Sorgen um unseren Sohn. Er verbringt unheimlich viel Zeit online und interagiert mit niemandem mehr in der realen Welt.

Person B:

Person A: Es ist so, als hätte er kein Interesse daran, mit jemandem eine echte Beziehung einzugehen. Das macht mir ziemliche Sorgen.

Person B:

Person A: Hallo?

Person B:

Person A: Außerdem hat er gerade unseren Minivan in den Fluss gefahren und opfert in unserem Wohnzimmer Tiere für den dunklen Lord.

Person B:

Person A: Hörst du ein Wort von dem, was ich sage?

Person B: Hey, schau dir das Eichhörnchen an!

Ignorieren kann absichtlich sein (und absolut unhöflich, wie oben) oder es kann nachlässig und abgelenkt sein, aber es hat jeweils den gleichen Effekt: die andere Person fühlt sich völlig entkräftet und ungehört. Über diese Ebene gibt es nicht viel zu sagen. Es ist schlechte Kommunikation in ihrer schlimmsten Form. Person B ist völlig uninteressiert an der Sichtweise von Person A und macht keine Anstalten, etwas zu sagen, bis etwas ihr persönliches Interesse weckt. Es ist wichtig, diese erste Ebene der Kommunikation so schnell wie möglich hinter sich zu lassen. (Aber denken Sie daran, dass jemand, der Sie nicht hören kann, Sie nicht ignoriert, also sprechen Sie lauter, wenn Sie können).

2. Vorgetäuschtes Zuhören

Dies geschieht am häufigsten in der Kommunikation von Angesicht zu Angesicht. Wir *sehen so aus*, als ob wir aufmerksam wären, aber wir sind nicht ganz bei der Sache, wenn unser Partner etwas sagt. Unsere Augen bekommen vielleicht diesen distanzierten Blick, und wir scheinen einfach nicht „ganz da" zu sein. Wir machen die kleinsten Andeutungen, die man sich vorstellen kann, nur um den Anschein zu erwecken, dass wir alles mitbekommen. Aber in Wirklichkeit tun wir so, als wären wir gelangweilt wie ein Monitor im Flur. Wir wissen, dass es uns wahrscheinlich interessieren sollte, also machen wir eine Show daraus. Dabei geht es nicht einmal um unterschiedliche Zuhörstile oder Rahmen, es sei denn, Ihr Rahmen für das Gespräch ist, jemanden zu beschwichtigen und ein falscher Freund zu sein.

> *Person A:* Ich hatte neulich ein Gespräch mit meiner Schwester. Ihr Mann ist seit einiger Zeit lange im Büro geblieben. Ich glaube, sie hat einen Verdacht.
>
> *Person B:* Mm-hmm.

Person A: Ich meine, ich weiß, dass sie ein wenig übermäßig dramatisch und misstrauisch werden kann. Aber er kann nicht so viel Arbeit haben. Nicht so viel, dass er vier Abendessen pro Woche verpasst.

Person B: Ja.

Person A: Ich denke irgendwie, dass sie Grund zur Sorge haben könnte. Du nicht auch?

Person B: Ja. Warte, was?

Person A: Hast du wirklich etwas von dem gehört, was ich sage?

Person B: Äh... hey, sieh mal. Das Eichhörnchen ist wieder da.

Der Zuhörer der Stufe zwei bemüht sich nur oberflächlich, seinen Partner davon zu überzeugen, dass er am Gespräch beteiligt ist, um nicht unhöflich zu wirken. Aber natürlich ist er immer noch mit seinen eigenen Gedanken und Sorgen beschäftigt. Das mag die andere Person eine Zeit lang täuschen, aber es kann schwierig sein, dies aufzuholen, sobald Ihr Gesprächspartner

Ihren echten Mangel an Interesse bemerkt. Sie bleiben auf der minimalen Grundlinie, und das kann für jeden frustrierend sein, der versucht, einen echten Gedanken oder ein echtes Anliegen mitzuteilen. Es ist ein Fortschritt, aber kein großer.

3. Selektives Zuhören

Auf dieser Ebene beginnen wir, unserem Partner echte Aufmerksamkeit zu schenken - bis zu einem gewissen Punkt. Solange der Sprecher etwas sagt, dem wir zustimmen oder mit dem wir sympathisieren, sind wir bei ihm. Aber wenn er die Richtung wechselt und eine Idee äußert, die uns nicht passt, tun wir wieder so, als ob wir ihm zuhören oder ignorieren ihn (Gesprächs-Narzissten, sind Sie das wieder?). Es kann eine Reaktion auf ein Gefühl sein, dem wir widerstehen, eine Geschichte, die uns nicht interessiert, oder eine Aussage, mit der wir nicht einverstanden sind. Anfangs klingen wir so, als wären wir beteiligt und besorgt, aber an einem bestimmten Wendepunkt ziehen wir uns unter unsere Schale der Selbstabsorption zurück. Dies ist mehr

Aufmerksamkeit als die vorherigen Stufen, aber es ist *bedingtes* Zuhören.

Person A: Ich habe die Nase voll von den Leuten auf der Arbeit. Es geht um die Kühlschrankpolitik. Ich sage seit Wochen, dass, wenn ihr Name auf einem Behälter steht, dieser unantastbar sein sollte.

Person B: Ich stimme Ihnen zu. Klauen die Leute immer noch Ihr Essen?

Person A: Ja. Jemand benutzt mein Salatdressing.

Person B: Oh, das ist nicht gut.

Person A: Ich verstehe, was sie denken. Sie denken, Salatdressing ist nicht wirklich ein Lebensmittel. Sie denken, es ist eher eine Art Würze. Wie Senf und Ketchup.

Person B: Ich denke, ich verstehe, warum die Leute so denken. Man soll ja nur ein bisschen Ketchup oder Senf auf etwas verwenden, während man bei Salatdressing wahrscheinlich mehr auf einmal verwendet.

Person A: Wissen Sie was? Selbst wenn eine Flasche Ketchup im Kühlschrank *steht*, wenn *mein* Name auf der Flasche steht, ist sie unantastbar. Wenn ich Lust habe, mein Ketchup zu teilen, biete ich etwas an.

Person B: Aber das ist doch nur Ketchup.

Person A: Na und? Wenn mein Name draufsteht, ist der Ketchup für jeden außer mir tabu. Wenn Sie so dringend Ketchup brauchen, dann gehen Sie rüber zum Fast-Food-Laden und nehmen einen Haufen von diesen Ketchup-Packungen. Lassen Sie meinen in Ruhe.

Person B:

Person A: Das ist genau die Art von Respektlosigkeit, die so typisch dafür ist, wie wir heute leben! Sie denken, wir sollten einfach mit Ketchup um uns werfen, als wäre es etwas, das ihnen *zusteht*! Das ist mir egal! Wenn ich erklärt habe, dass es meins ist, muss man *fragen*, ob man es benutzen will! Verstehen Sie?

Person B:

Person A: Ich sagte: „VERSTEHEN SIE?"

Person B: Oh, Entschuldigung. Ich habe mir gerade ein Eichhörnchen im Fernsehen angesehen.

Erstens, machen Sie sich keine Sorgen darüber, wie albern dieser Austausch klingen könnte. Ich habe ihn absichtlich albern gemacht. Person A regt sich über etwas auf, das viele für ein furchtbar triviales Problem der „ersten Welt" halten könnten. Sie ist eines bestimmten Musters überdrüssig und es macht sie verrückt. Ist es überhaupt den Atem wert, sich darüber zu beschweren?

Die Antwort... spielt keine Rolle. Was auch immer wir von der Besessenheit von Person A mit dem Besitz von Lebensmitteln halten, sie sind *verärgert* über das, was passiert. Es ist nichts falsch daran, sich so zu fühlen. Es sind die Gefühle von Person A, und sie hat das Recht, sich so zu fühlen, wie sie es möchte, was die Kühlschranksituation angeht.

Person B ist mit Person A bis zu einem gewissen Punkt einverstanden. Aber dann sagt Person A etwas, dem Person B nicht zustimmt: dass Salatdressing und Ketchup in der Welt der Kühlschrankreste sozusagen nicht gleichwertig sind. Person B denkt, dass Person A einen lächerlichen Standpunkt vertritt und hat sie verstimmt.

Das Gesprächsziel von Person A ist ein völlig anderes als das von Person B. Der unausgesprochene Rahmen von Person B ist: Ich muss nur in dem Maße an diesem Gespräch teilnehmen, wie es für *mich* persönlich interessant ist.

Selbst wenn wir mit Person B *übereinstimmen* und mit Person A nicht übereinstimmen, ist es eine Tatsache, dass, wenn das Gespräch eine Wendung nahm, die Person B nicht gefiel, sie zum Ignorieren von Person A auf Stufe 1 zurückkehrte. Sie stieg einfach aus und hörte ganz auf zuzuhören.

Das ist selektives Zuhören: Wenn das Gespräch in unsere Richtung geht und mit unseren Werten übereinstimmt, ist alles gut. Aber wenn wir etwas hören, das uns falsch vorkommt, schalten wir ab. Es spielt keine Rolle, ob das Thema Ketchup, Weltpolitik, Familienangelegenheiten oder der Tod ist - selektives Zuhören ist immer noch eine unvollständige Kommunikationsebene (und manche mögen es für schlimmer als Ignorieren halten, da es einen falschen Eindruck von Beteiligung vermittelt).

4. Aufmerksames Zuhören

Das ist, ganz ehrlich, gut. Nicht perfekt, aber gut. Wir schenken unserem Partner unsere volle Aufmerksamkeit und hören auf jedes Detail, das er uns mitteilt. Wir sind nicht abgelenkt, wir schließen ihn nicht selektiv aus und wir wechseln nicht das Thema.

Was diese Ebene jedoch davon abhält, ein voll konzentriertes Zuhören mit fünf

Sternen zu sein, ist unser analytischer und wertender Verstand. Während die andere Person spricht, vergleichen wir ihre Aussagen mit unseren eigenen Standpunkten und entscheiden, ob wir mit ihnen übereinstimmen oder nicht, wie jemand in einem Diskussionsteam. Das ist in einem zweiseitigen Gespräch, in dem von beiden Parteien ein gleichberechtigter Austausch erwartet wird, mehr als fair. Aber die Tatsache, dass wir unseren Partner immer noch mit unserer eigenen Vernunft und Logik bewerten, verhindert, dass es ein reines Zuhören wird:

Person A: Meine Mutter startet ein Online-Geschäft.

Person B: Was verkauft sie?

Person A: Sie verkauft einige ihrer selbstgemachten Handarbeiten. Sie denkt, dass sie es alleine schafft. Ich bin mir nicht sicher, ob sie sich völlig darüber im Klaren ist, worauf sie sich einlässt.

Person B: Was sind Ihre Zweifel?

Person A: Dass sie noch nie etwas gemacht hat, das auch nur im Entferntesten mit Webmanagement oder Programmierung zu tun hat, und ich weiß nicht, ob sie jemanden kennt, der das getan hat. Sie ist fast siebzig und ich mache mir einfach Sorgen, dass sie unterschätzt, was dafür nötig ist.

Person B: Wissen Sie, es gibt relativ günstige Kurse, die sie online belegen kann, in denen sie es von Grund auf lernen kann. Das hat schon vielen Leuten geholfen.

Person A: Ja, ich nehme an, sie kann sich das ansehen.

Wie Sie sehen können, endet dieser letzte Austausch nicht in einer Meinungsverschiedenheit, einer Abwertung, einer Abtrennung oder, zum Glück, einer weiteren Eichhörnchensichtung. Es ist ein fairer und offener Austausch. Person B achtet genau darauf, was Person A sagt, und zieht Person A heraus, damit sie sich sicher fühlt, ihre innersten Gefühle zu offenbaren. Das ist alles gut.

Aber nachdem Person A ihre Zweifel erklärt hat, schlägt Person B vor, dass die Mutter von Person A einige Online-Kurse ausprobiert. Person B hat diese Empfehlung von ihrem *eigenen* Standpunkt aus gemacht. Das Anhören der Zweifel von Person A aktivierte die eigene Erfahrung, das eigene Urteil oder die eigene Meinung von Person B und veranlasste sie, eine Bemerkung zu machen, die zwar zum Thema gehörte, aber nicht das widerspiegelte, was Person A dachte oder fühlte.

Wie Sie sehen können, kann die „Beurteilung" oft subtil, gut gemeint und schwer zu greifen sein. In der obigen Konversation ist es schwierig zu erkennen, wo die Dinge hätten besser laufen können, und Person A fühlt sich wahrscheinlich gut mit dem Austausch, wenn auch nicht begeistert darüber, wie unterstützend B war. Person B hat nicht direkt widersprochen, beleidigt oder gar geleugnet, was Person A mitgeteilt hat - sie hat nur ihre eigene Sichtweise ins Spiel gebracht, anstatt die mit ihr geteilte anzuerkennen und zu reflektieren. (Zum Beispiel hätte B etwas sagen können wie: „Es scheint, dass du dir ziemliche Sorgen machst, dass sie mehr abbeißt, als sie kauen kann, was?")

Ist das schrecklich? Nein, natürlich nicht. Vielleicht reden Person A und Person B die ganze Zeit auf diese Weise miteinander. Sie sind vielleicht ganz zufrieden damit, sich gegenseitig Ratschläge zu geben und zu hören, und begrüßen sie vielleicht sogar. Aber Person A *könnte* den Vorschlag von Person B als eine Form der Entwertung aufgefasst haben. Person A war gerade dabei, ihren emotionalen Zustand auszudrücken und war vielleicht noch nicht fertig. Sie hätte den Ratschlag von Person B als eine erzwungene Lösung interpretieren können, um das Gespräch zu beenden.

Es hängt alles davon ab, wie sicher und eng ihre Beziehung ist und welche Grenzen sie sich in der Kommunikation gesetzt haben. Aufmerksames Zuhören ist sehr gut. Antworten wie die von Person B sind kein Verbrechen und führen hoffentlich nicht dazu, dass sie wie auf Eierschalen laufen, wenn sie versuchen, herauszufinden, was sie sagen sollen. Diese potenziell entwertenden Antworten sind einfach etwas, das man sich bewusst machen, darüber nachdenken und im Vorfeld der Kommunikation berücksichtigen sollte.

5. Einfühlsames Zuhören

Dies ist sowohl die letzte, wünschenswerteste Stufe des Zuhörens als auch das polare Gegenteil der ersten Stufe, des Ignorierens. Beim einfühlsamen Zuhören schenken wir der Person, mit der wir sprechen, unsere ganze Aufmerksamkeit. Wir konzentrieren uns nicht nur auf das, was sie sagt - wir versetzen uns in ihre Lage. Wir stellen keine Theorien darüber auf, was *wir* in ihrer Situation tun oder fühlen würden; wir bemühen uns sehr darum, zu verstehen, woher sie kommt.

Beim einfühlsamen Zuhören reagieren wir so, als würden wir die Geschichte unseres Partners zum ersten Mal hören, auch wenn es sich um etwas handelt, über das wir schon einmal gesprochen haben. Wir behandeln sie als neue und ungewöhnliche Information, die nicht durch unsere eigenen Urteile, Werte, Meinungen oder Bezugsrahmen hindurchgeht. Diese Ebene ist nicht leicht zu erreichen und erfordert Disziplin. Aber sie ist die lohnendste für beide Gesprächspartner.

Person A: Ich weiß, wir haben schon mal darüber gesprochen, aber Chris geht mir wirklich auf die Nerven. In den letzten Wochen war es unmöglich, mit ihm umzugehen, und ich weiß nicht, was ich dagegen tun soll.

Person B: Was ist los?

Person A: Er ist distanziert. Er ist emotional distanziert. Er bleibt abends meist lange weg, und wenn er das nicht tut, schließt er sich in seinem Arbeitszimmer ein und schottet sich ab.

Person B: Du musst dich extrem einsam fühlen.

Person A: Ja, ich habe das Gefühl, dass er mich im Stich gelassen hat. Wir sind seit sieben Jahren zusammen und diese plötzliche Veränderung kam einfach aus dem Nichts. Ich bin verwirrt. Ich weiß nicht, wie es dazu kam. Ich weiß nicht, ob er etwas vor mir verheimlicht oder ob das einfach das ist, was langjährige Paare durchmachen.

Person B: Es muss schwer für dich sein, unter dieser Art von Geheimnis auszuharren.

Person A: Ja, das ist es. Wenn ich von ihm etwas Klarheit über die Situation bekommen könnte, wäre das hilfreich. Ich weiß es nicht; wir werden sehen.

In diesem Beispiel nimmt sich Person B komplett aus der Geschichte heraus. Sie fängt damit an, dass sie Person A auffordert, sich ihr anzuvertrauen. Dann versucht sie, sich den emotionalen und mentalen Zustand vorzustellen, den Person A durchmacht, ohne sich selbst zum Thema zu machen.

Das ist der Grund, warum Person B sagt: „*Du musst dich* extrem einsam *fühlen*" und nicht „*Ich würde mich* extrem einsam *fühlen*" - ein kleiner, vielleicht nicht wahrnehmbarer Unterschied in der Syntax, aber einer, der verstärkt, dass Person A das Subjekt des Austauschs ist und dass Person B ihr ihre volle Aufmerksamkeit schenkt.

Dann stellt sich Person B vor, in der Position von Person A zu sein, und versucht, sich einzufühlen: „Es muss schwer für dich sein, unter dieser Art von Geheimnis auszuharren." Das zeigt, dass Person B wirklich versucht zu verstehen, was Person A durchmacht. Das ist etwas anderes als der Schritt in Stufe vier, bei dem man das Gehörte mit den eigenen Erfahrungen und Urteilen vergleicht - es ist eine *Vermutung*, keine Erklärung. Und es ist eine „Du"-Aussage, nicht eine „Ich"-Aussage. Das erinnert Person A daran, dass sie volle Aufmerksamkeit und Verständnis bekommt, was an sich schon eine bestätigende und positive Kommunikationserfahrung ist.

Natürlich kann diese Art der Interaktion manchmal eher wie eine Therapie wirken, und aus diesem Grund möchten Sie vielleicht nicht jedes einzelne Ihrer Gespräche so intensiv und unterstützend gestalten. Dennoch lohnt es sich, diese Fähigkeit in der Tasche zu haben, damit Sie wissen, was zu tun ist, wenn jemand sie von Ihnen braucht. Auf der anderen Seite sollten Sie sicherstellen, dass es Grenzen gibt und diese Art des Zuhörens nicht bei Leuten anwenden, die Sie nur für eine dreistündige Jammersitzung gefangen halten wollen...

Fazit:

- Nehmen wir an, Sie versuchen, das Gitarre spielen zu erlernen. Sie sind Rechtshänder, haben aber versehentlich eine Gitarre für Linkshänder gekauft. Das ist kein Rezept für Erfolg. So können wir über die verschiedenen Arten von Hörstilen nachdenken. Wir müssen unseren Stil mit dem anderer Leute abgleichen, wenn wir Erfolg haben wollen.

- Obwohl man sagen kann, dass es unzählige Hörstile gibt, ist es hilfreich, in vier Hauptstilen zu denken: Personen- (Emotionen), Inhalts- (Informationen), Handlungs- (To-Do-Liste) und Zeitorientierung (Dauer und Häufigkeit). Für unsere Zwecke wollen wir erkennen, wozu wir von Natur aus neigen, und dann versuchen, uns mehr auf den Menschen-/Emotionsstil zu konzentrieren. Denn wenn Menschen kommunizieren, ohne einen Befehl zu geben oder einen Ausflug zu organisieren, tun sie dies, um eine Emotion auszudrücken. Finden Sie sie! Eine weitere Möglichkeit, den Zuhörstil zu beschreiben, ist die Einteilung in Kopf, Herz und Hände. Beim Kopf dreht sich alles um das Denken und Planen, bei den Händen geht es um das Tun und Handeln, und beim Herzen, nun ja, da geht es um Emotionen und das Wohlbefinden der Menschen. Auch hier gilt: Erkennen Sie, wo Sie stehen, und wie Sie sich in Richtung des Zuhörstils

Mensch/Emotion/Herz bewegen können.

- Rahmen sind eine andere Art, sich Hörstile vorzustellen. Rahmen sind viel fließender und bitten Sie einfach zu überlegen, was die allgemeinen Ziele oder der Zweck der Interaktion sind. Was ist ihr Ziel, was ist Ihr Ziel, und stimmen sie überein? Wenn nicht, nutzen Sie Ihr neues Verständnis und sorgen Sie dafür, dass sie übereinstimmen. Ein einfacher Weg, um über Rahmen nachzudenken, ist der einer Schauspielerszene. Alle Schauspieler sind auf derselben Seite, arbeiten auf dasselbe Ziel hin und versuchen, eine emotionale Wirkung zu erzielen. Was passiert, wenn einer der Schauspieler ein wenig aus dem Nähkästchen plaudern und die Liebe seiner Figur zum Meer erläutern möchte? Nichts Gutes.

- Schließlich kommen wir zu den Ebenen des Zuhörens. Im Gegensatz zu den Zuhörrahmen und -stilen sind einige dieser Ebenen des Zuhörens einfach nur schlecht. Die Ebenen sind: Ignorieren, vorgeben zuzuhören, selektives Zuhören, aufmerksames Zuhören und einfühlsames Zuhören. Die ersten beiden Stufen sind nicht sehr nützlich, und erst wenn wir die ultimative Stufe des einfühlsamen Zuhörens erreichen, nehmen wir uns selbst aus der Gleichung heraus und hören zu, um zu verstehen, anstatt zuzuhören, um zu antworten. Die meisten von uns stecken in den ersten drei bis vier Stufen für die Mehrheit unserer täglichen Interaktionen fest.

Kapitel 3. Die schwierige Aufgabe, jemanden zu hören

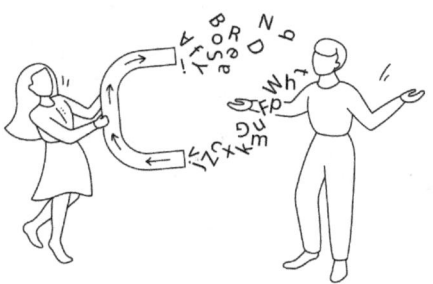

Zwei Menschen sitzen in einem Café, unterhalten sich nach langer Zeit des Nicht-Plauderns und diskutieren über dies und das.

Angela: „Ich habe so oft versucht, mit ihm darüber zu reden, aber ich muss sagen, er

scheint es nicht wirklich zu *verstehen*, wissen Sie?"
Kristen: „Nun - was meinst du? Was versteht er nicht?"

Angela: „Es ist wie... Ich habe mal jemanden sagen hören, dass eine Frau in dem Moment Mutter wird, in dem sie weiß, dass sie schwanger ist, aber ein Mann wird erst Vater, wenn das Baby geboren ist. So fühle ich mich auch. Als ob er es vielleicht noch nicht mitbekommen hat..."
Kristen: „Als wäre er nicht auf der gleichen Seite wie du..."

Angela: „Genau. Und ich habe das Gefühl, dass das alles noch sehr abstrakt für ihn ist, als ob er es noch nicht richtig begriffen hat. Ich meine, ich kann es nachvollziehen, aber ich weiß nicht..."
Kristen: „Oh, ich verstehe dich. Es scheint, dass du mitfühlst, aber da ist auch noch etwas anderes."

Angela: „So ist es. Ich glaube, ich bin ein bisschen enttäuscht? Vielleicht habe ich einfach Angst, dass ich das alles alleine

machen werde, und das ist nicht das, was wir vereinbart haben. Das ist nicht das, was ich *dachte*, was wir tun. Wir sind ein Team."
Kristen: „Du dachtest, ihr steckt... irgendwie zusammen da drin."

Angela: „Ja. Aber wenn ich mit ihm rede... fühlt es sich nicht so an. Er benimmt sich, als ob *ich* schwanger bin und er nur eine Art Zuschauer ist. Ich meine, ich will nicht schlecht über ihn reden..."
Kristen: „Natürlich nicht! Es scheint, dass es nicht einfach ist, darüber zu sprechen."

Angela: „Nun, was könnte ich sagen? Ich denke, tief im Inneren... er kann an diesem Punkt auch gehen, weißt du? Und ich bin diejenige, die das hier *wirklich* tut. Ergibt das einen Sinn?"
Kristen: „Oh, völlig. Meinst du, es liegt daran, dass du dir Sorgen machst, dass er geht?"

Und so weiter. In dem obigen Gespräch verbringen beide Personen fast gleich viel Zeit mit dem Sprechen, doch eine Person spricht definitiv und drückt sich aus, während die andere definitiv zuhört - aktiv. Wenn Sie zurückgehen und sich das Gespräch noch einmal ansehen, werden Sie sehen, dass der Zuhörer mehr oder weniger denselben Inhalt an den Sprecher zurückgibt, wenn auch in einer anderen Formulierung, manchmal als Frage oder einfach als Ermutigung und Unterstützung („Oh, ich verstehe dich").

Es wird eigentlich nicht viel gesagt, aber es löst eine große Reaktion und eine bestimmte Art der Ausarbeitung aus, die Komfort und emotionale Erfüllung zeigt. Der Schlüssel ist, dass der Sprecher wirklich das Gefühl hat, dass er verstanden wird, und das ist ein Teil dessen, was wir tun, wenn wir zuhören - und nicht nur schweigen.

Der Sprecher in diesem Gespräch fühlt sich wahrscheinlich außerordentlich verstanden und unterstützt in diesem Gespräch. Die andere Person schenkt ihm ihre volle Aufmerksamkeit und hört nicht nur zu, sondern beschäftigt sich intensiv mit dem Inhalt des Gesagten - sowohl sachlich als auch emotional. Anstatt jedoch eigene Ideen einzubringen, reflektiert und fasst der Zuhörer gekonnt das Gesagte zusammen. Wichtig ist, dass es sich nicht um ein einfaches Nachplappern des Gesagten handelt, Wort für Wort. Der Zuhörer „testet" auch gelegentlich sein Verständnis – „es klingt so, als ob du das und das meinst, ist das so? Habe ich das verstanden?"

Dies kommuniziert laut und deutlich, dass es das Ziel des Zuhörers im Gespräch ist, den Sprecher tiefgründig zu verstehen. In der Tat ist es fast so, als würde der Zuhörer dem Sprecher aktiv helfen, seinen Standpunkt darzustellen, indem er Hinweise gibt und ihn anleitet. Solche Gespräche führen oft zu tieferen Einsichten und Verständnissen, die Art von Gesprächen, bei denen man sich verstanden und verbunden fühlt und das Gefühl hat, sich aktiv mit einem Problem oder einer Frage auseinandergesetzt zu haben. Sie mögen das Gefühl haben, dass Sie jemandem Ihre volle Aufmerksamkeit schenken, aber wenn Sie sich nicht auf eine Art und Weise beteiligen, die diese

Aufmerksamkeit spüren lässt, dann ist es so gut wie nicht geschehen.

Dies ist der „Big Talk" (im Gegensatz zum Small Talk), der Menschen näher zusammenbringt. Wenn zwei gute Gesprächspartner aufeinander treffen, können sie abwechselnd aktiv zuhören, und anstatt dass das Gespräch eine Übung in Ego, Aufmerksamkeitssuche, Streit oder belanglosem Smalltalk ist, wird es zu einer Plattform, um bedeutungsvolle Verbindungen herzustellen, die Gesellschaft einer anderen Person zu genießen, Probleme zu lösen und in den tiefgreifenden Themen des Lebens zu graben.

In der Tat, auch wenn es sich um „Big Talk" handelt, können Sie sehen, dass er die Fähigkeit hat, in sehr wenigen Worten zum Kern der Sache vorzudringen. Eine Stunde „Small Talk" über nichts hätte vielleicht nie auch nur annähernd diese Ebene des tiefen Verständnisses und der Verbindung erreicht.

Vielleicht hat Sie das obige Gespräch daran erinnert, was ein guter Psychologe tun könnte, und tatsächlich wurde diese Methode von dem berühmten Psychologen Carl Rogers eingehend erforscht. Er glaubte, dass „bedingungslose positive Wertschätzung" in einer therapeutischen Begegnung sowie aktives Zuhören, Empathie und Reflexion die Schlüssel zu wirklich transformativen Gesprächen sind - und Therapie ist letztlich einfach eine Art von Gespräch.

Zuhören ist nicht passiv. Viele Menschen sträuben sich gegen das Zuhören, weil sie es als ungewollten Verzicht auf die Bühne, als langweilige Nebenrolle in der Geschichte sehen, bei der sie „es aussitzen" und darauf warten müssen, dass der andere sie einweiht. Sie sehen das Zuhören als toten Raum, als Nichtstun. Das ist eine katastrophale Denkweise, denn Gespräche funktionieren nur, wenn beide Personen aktiv und bewusst beteiligt sind. Der Fehler ist, zu denken, dass Reden irgendwie interessanter oder aktiver ist als Zuhören. Nichts könnte weiter von der Wahrheit entfernt sein. Und noch einmal: Sich ins Rampenlicht zu stellen ist ein völlig anderes Ziel als sich mit jemandem zu verbinden.

Außergewöhnlich gute Zuhörer wissen etwas, was schlechte Zuhörer nicht wissen - nämlich dass es genauso angenehm ist, jemandem zuzuhören und zu teilen, wie es ist, selbst zu sprechen - manchmal vielleicht sogar noch angenehmer. Es kann genauso befriedigend, wenn nicht sogar noch befriedigender sein, jemanden wie eine Nuss aufzubrechen und wahre Emotionen und Ausdrucksformen zum Fließen zu bringen. Die Arbeit, die damit verbunden ist, muss auch nicht so langweilig sein, wie still zu sitzen und mit dem Kopf zu nicken. Es kann sehr aktiv sein und fast wie das Lösen eines Rätsels - wenn man nur die richtigen Antworten findet. Das ist genau das, was aktives Zuhören ausmacht.

Aktives Zuhören

Wir haben im vorherigen Kapitel über die fünf Ebenen des Zuhörens gesprochen. Wie erreichen wir die höchste Stufe? Genauso wie das Erlernen des Lesens und

Schreibens Übung erfordert, gilt dies auch für die Kunst des aktiven Zuhörens.

Aktives Zuhören ist eine der stärksten beziehungsfördernden Fähigkeiten, die Sie in Ihrem Arsenal haben können. Es verschafft Ihnen Respekt und Interesse für die Ansichten Ihres Partners und macht es Ihnen leichter, Informationen zu verarbeiten, die durch passives Zuhören kompliziert und schwer zu verstehen sind. Es erleichtert auch den Kommunikationsprozess: Aktives Zuhören hilft Ihnen zu erfahren, was die Bedürfnisse der anderen Person sind, und macht Sie daher weniger vorsichtig und offener mit Ihren Antworten.

Vor allem macht das aktive Zuhören zu 100 Prozent klar und sicher, dass Sie Ihren Gesprächspartner verstehen. Er weiß, dass Sie ganz bei ihm sind.

Gleichzeitig müssen wir unser Ego aus dem Weg räumen, damit wir wirklich Zugang zu dem haben, was die andere Person sagt. Wir nennen diesen Prozess „aktives" Zuhören, weil er so viele Teile unseres Geistes anspricht und uns dazu bringt, etwas zu *tun*, um zu verstehen, was kommuniziert wird.

Therapeuten (zumindest gute, nicht wie die weiter oben in diesem Buch erwähnten) sind hervorragende Vorbilder dafür, wie man ein aktiver Zuhörer ist. Sie hören ihren Klienten mit einer klaren Absicht zu. Wenn sie etwas hören, bei dem sie sich nicht hundertprozentig sicher sind, ermutigen sie ihre Klienten, sich klar und deutlich auszudrücken.

Diese Therapeuten versuchen, die Aussagen ihrer Patienten neu zu formulieren und sie zu bitten, zu erläutern, was sie meinen. Vor allem versuchen sie, ihren Klienten durch Kontemplation, klare Körpersprache und einen Geist der Empathie das Gefühl zu geben, ruhig und sicher zu kommunizieren. Therapeuten werden von dem klaren Ziel angetrieben, ihren Klienten zuzuhören, und jede ihrer Reaktionen ist von diesem Ziel geprägt. Können wir dasselbe von uns sagen, wenn wir versuchen, anderen zuzuhören?

Aktives Zuhören beinhaltet einige wesentliche Arten von Reaktionen und Nachfragen, mit denen Sie fast sofort beginnen können. Diese sind alle darauf ausgerichtet, dass der Sprecher *spüren* kann, dass Sie auf der gleichen emotionalen Ebene sind wie er. Denn was ist schon Zuhören, wenn es nur in Ihrem Kopf stattfindet und nicht an die andere Person weitergegeben wird?

Verstehen. Der erste Schritt beim aktiven Zuhören ist natürlich, überhaupt zu verstehen, was die andere Person sagt. Wenn die Person, die mit uns spricht, dieselbe Sprache spricht, wie wir sie normalerweise sprechen, läuft dieser Prozess ziemlich automatisch ab.

Aber es gibt auch andere potenzielle Blockaden - zum Beispiel, wenn die Person eine Menge Jargon oder Slang verwendet, mit dem wir nicht vertraut sind, oder wenn es Unterschiede in der Generation, dem sozialen Status oder der Kultur gibt, über die wir einfach nicht genug wissen. Vor allem aber sollten Sie sicherstellen, dass Sie sich auf der gleichen emotionalen Ebene wie der Sprecher befinden, damit Sie seine Bedürfnisse und Wünsche in diesem Moment erkennen können.

Eine gute Frage, wenn wir nicht verstehen, was jemand sagt, ist: *„Kannst du mir das so erklären, als wäre ich fünf Jahre alt?"* Ein Fünfjähriger kennt genug Wörter, um ein Gespräch zu führen, aber er muss relativ komplexe Situationen auf eine sehr geduldige, bewusste Art und Weise mit den Wörtern beschrieben bekommen, die er bereits kennt. Besonders wenn Sie glauben, dass die andere Person befürchtet, herablassend oder gönnerhaft zu wirken, kann die Bitte, etwas so zu beschreiben, als wären Sie, sagen wir mal, *viel jünger als Ihr tatsächliches Alter,* dazu führen, dass sie sich ein wenig wohler fühlt.

Weitere Aussagen, bei denen Sie um Hilfe beim Verstehen bitten können, sind:

- „Was ist passiert?"
- „Erzähl mir deine Geschichte."
- „Was meinst du?"

- „Erzähl mir mehr."
- „Können Sie diesen Teil für mich aufklären?"

Haben Sie keine Angst, als dumm oder unterbrechend rüberzukommen. Die meisten Menschen mögen es, sich als Experten zu fühlen, und wir alle sind Experten in unserer eigenen Erfahrung. Manchmal kann es sogar nützlich sein, völlig transparent über Ihr mangelndes Verständnis zu sprechen - wenn Sie dies als Grund sehen, um noch genauer zuzuhören, damit Sie lernen können!

Verinnerlichen. Mehr als sich nur an das zu erinnern, was man gerade gehört hat, bedeutet das Verinnerlichen von Informationen, zu verstehen, was der Sprecher zu sagen versucht, damit wir eine passende Antwort geben können. Sie versuchen hier, die ganze Geschichte zu erfassen, und das geht weit über einfache Fakten und Ereignisse hinaus. Das Ziel ist es, sich so gut wie möglich in den Sprecher hineinzuversetzen, und dafür sind natürlich Fragen notwendig.

Wenn wir jemandem zuhören, neigen wir dazu, nur die uns betreffenden Details zu behalten. Oder wir behalten die Information auf die Art und Weise wie wir es gewohnt sind. Aber das ist nur unsere Linse und nicht besonders nützlich, wenn wir versuchen, ein besserer Zuhörer zu sein.

Wenn uns zum Beispiel jemand von einer Verabredung erzählt, die er hatte, erinnern wir uns vielleicht an die physischen Details des Ereignisses (in welches Restaurant sie gegangen sind, welchen Film sie gesehen haben, was sie getragen haben). Oder wir erinnern uns an eine allgemeinere Erzählung über die Verabredung als Ganzes (welche Persönlichkeit die andere Person hatte, wie sich die Verabredung „angefühlt" hat, wie sie im Vergleich zu anderen Verabredungen in der Vergangenheit war).

Wir bemerken vielleicht gar nicht, dass wir uns Teile der Erzählung herauspicken, die uns stören, und innerlich können wir uns daran machen, für uns selbst eine etwas andere Geschichte zu konstruieren als die, die uns angeboten wird. Vielleicht haben Sie das auch schon erlebt, wenn Sie jemandem etwas erzählen und derjenige nur einen Aspekt der Geschichte aufgreift, auf den Sie sich definitiv nicht konzentriert haben. Es ist definitiv ein Weg, „zuzuhören, ohne zuzuhören"!

In Gesprächen suchen wir in der Regel nach Gelegenheiten, um etwas zu sagen und „unseren Senf dazuzugeben". Das ist normal, aber es ist nicht förderlich für aktives Zuhören. Um das, was unser Gesprächspartner uns sagt, richtig zu behalten, müssen wir unser Ego beiseite räumen und uns voll und ganz auf die Worte des anderen konzentrieren, so wie er sie darlegt. Es geht nicht um Ihre Interpretation, sondern um die des anderen.

Auch hier sind Fragen ein mächtiges Werkzeug, um die Dinge zu strukturieren und den Fokus auf den Ausdruck der anderen Person zu richten. Um sicherzustellen, dass Sie alle relevanten Informationen behalten, könnten Sie fragen:

- „Was bedeutet das für Sie?"

- „Und nur um das klarzustellen, was ist danach passiert?"
- „Moment, wie hat sie das berührt?"
- „Wie passt das in die Geschichte?"
- „Wie haben Sie sich dabei gefühlt?"
- „Wie war Ihre Reaktion?"

Reagieren. Aktives Zuhören erfordert das Bemühen, eine wissende und angemessene Antwort zu formulieren - andernfalls könnte der Sprecher das Gefühl haben, gegen eine Mauer zu sprechen. Wie schon mehrfach gesagt wurde, ist Zuhören alles *andere* als passiv! Eine effektive Antwort zeigt, dass wir uns für das interessieren, worüber unser Gesprächspartner spricht.

Sie hören zu, verstehen und behalten bereits; eine qualitativ hochwertige Antwort beweist, dass Sie alles, was der Sprecher gesagt hat, *verstehen* und seine nonverbale Kommunikation aufgegriffen haben. Stellen Sie sich vor, Sie sprechen mit jemandem und sind sich nicht sicher, ob er die Sprache, die Sie sprechen, versteht. Er gibt kein Anzeichen von Verständnis - fühlen Sie sich zugehört? Deshalb ist eine Antwort notwendig.

Wie beim Verinnerlichen ist es wichtig, dass eine Antwort nicht durch unser eigenes Ego oder unsere eigenen Ideen gefärbt ist. Sie wollen nicht auf eine Art und Weise antworten, die den Eindruck erweckt, dass Sie versuchen, das Gespräch nach Ihren eigenen Vorstellungen zu lenken, zu manipulieren oder zu interpretieren. Sie versuchen, ein Gefühl für die Gefühle und Meinungen der anderen Person zu bekommen, ohne Vorurteile, die Sie entwickelt haben:

Sprecher A: Und deshalb gehe ich auch nicht gerne auf Dinnerpartys.

Befragter B: Das klingt verrückt! Waren Sie aufgeregt, als der komische Mann aus der Torte gesprungen ist?

Sprecher A: Nicht so sehr aufgeregt, sondern eher enttäuscht. Ich habe etwas Erwachseneres von der Abstinenz Liga erwartet.

Befragter B: Das muss Ihre Geduld strapaziert haben. Hat es das?

Sprecher A: Ein bisschen schon. Aber mehr als alles andere hat es bewiesen, dass ich anfangen muss, das Unterhaltungsbudget einzuschränken.

Antworten beim aktiven Zuhören sollten das widerspiegeln, was der Sprecher gesagt hat. Sie sollten ein tiefes Interesse an den Gedanken und Gefühlen Ihres Partners zeigen. Anstatt unsere *eigenen* Meinungen und Standpunkte auszudrücken, helfen gute Antworten beim aktiven Zuhören beiden Parteien, ihre eigenen Selbstentdeckungen zu machen.

Versuchen Sie bei einer hochwertigen Antwort, auf die Gedanken und Gefühle Ihres Partners einzugehen - der sachliche Inhalt ist oft weniger relevant, als es zunächst scheint. Sie können dies tun, indem Sie das Gesagte in Ihren eigenen Worten wiedergeben. Bleiben Sie bei Ihrer Antwort auf dem Standpunkt Ihres Gesprächspartners; das Einbringen eines

Vorschlags oder einer Idee, die nichts mit seiner unmittelbaren Situation zu tun hat, könnte zu sehr stören oder ablenken. Bieten Sie keine widersprüchliche oder gegensätzliche Meinung an, bis Sie alles, was Ihr Partner Ihnen mitteilt, so gut wie möglich verstanden haben. Und selbst dann sollten Sie versuchen, starke Urteile zu unterdrücken.

Einige positive Reaktionen beim aktiven Zuhören könnten sein:

- „Ich bin fasziniert von Ihrer Geschichte."

- „Das klingt nach einer ____Situation."

- „Ich kann verstehen, dass du so denkst."

- „Ich habe das Gefühl, dass Sie das Gefühl haben, dass sich etwas ändern muss - was würden Sie gerne passieren sehen?"

- „Wie fühlen Sie sich in dieser Situation?"

Das allgemeine Ziel des aktiven Zuhörens ist es, den Standpunkt oder die Lebenserfahrung der Person, die zu Ihnen spricht, vollständig zu erfassen, und dass Sie diese Informationen auf eine sinnvolle Weise aufnehmen, die Sie zu neuem Wissen und Verständnis anspornen könnte. Sie wollen der anderen Person zeigen, dass Sie sich in ihre Welt hineinversetzen können und ihre Erfahrungen aus ihrer Sicht sehen. Um die Ziele des Verstehens, Behaltens und Reagierens zu erreichen, können Sie einige oder mehrere der folgenden Techniken anwenden:

Umformulieren. Die Gefühle Ihres Partners in Ihren eigenen Worten zu paraphrasieren, ist eine hervorragende Methode, um Ihr Verständnis zu erleichtern. Es ist wichtig, dass Sie *nicht* einfach wie ein Papagei wiederholen, was Ihr Gesprächspartner gesagt hat, sondern dass Sie zeigen, dass Sie das Wesentliche dessen, was er ausgedrückt hat, verstanden haben. Sie werden dies als eine Art „Unterstützungsreaktion" erkennen, die bereits besprochen wurde. Sie lassen sie wissen, dass Sie sie verstanden haben und mit ihnen auf derselben Seite stehen. Wenn Sie nicht hundertprozentig richtig liegen, wird man Sie mit Sicherheit korrigieren.

> *Person:* Diese Situation hat mich verwirrt und erschreckt.
>
> *Sie:* Es muss sich wie ein gefährlicher Moment angefühlt haben - es muss schwer gewesen sein, zu wissen, was man tun soll.

Reflektieren. Eine alternative Art der Wiederholung ist es, Ihre Antwort entlang von Emotionen zu formulieren, anstatt von Ereignissen oder Punkten der Geschichte. Das Reflektieren gibt der Geschichte des Sprechers eine tiefere Ebene, auf der Sie beweisen können, dass Sie sie im Griff haben. Erzählen Sie ihm wortwörtlich die Emotion, die er gerade erlebt, oder fragen Sie ihn danach.

> *Person:* Am Ende sagte mein Vater, dass er die ganze Zeit wusste, dass ich nicht auf dieses College kommen würde.

Sie: Das ist ja furchtbar. Das klingt nach einer grausamen Art der Ablehnung.

Zusammenfassen. Versuchen Sie, die Details der Geschichte eines Sprechers verbal in einer prägnanten Form zusammenzufassen, die Ihr Verständnis des Gesamtbildes zeigt. Dies ist ähnlich wie das Wiedergeben, aber Sie streben einen breiteren Überblick an. Sie können dies auch als einen Test für Ihr Verständnis betrachten. Es können viele Punkte und Argumente genannt worden sein, und Sie haben vielleicht die primäre Emotion, Handlung oder den Zweck aus den Augen verloren.

Sie: Der Bäcker hat sich in der Bestellung geirrt, das Essen ist verbrannt, und sie haben einen Hypnotiseur statt eines Clowns geschickt. Mann, wäre das die Geburtstagsparty *meines* Kindes gewesen, wäre ich ausgetickt!

Emotionen benennen. Oft verliert sich ein Sprecher in den praktischen und physischen Details dessen, was er Ihnen erzählt. Versuchen Sie so sensibel wie möglich, die Emotionen zu benennen, die er noch nicht konkret verbalisieren konnte. Das ist an sich nicht schwierig, da Sie nur eine Art von positivem oder negativem Gefühl angeben müssen, aber wenn Sie die Emotion von jemandem genau benennen, werden Sie als Hellseher angesehen. Achten Sie nur darauf, dass Sie nicht zu weit gehen oder versuchen, Ihre eigenen Ideen in die Angelegenheit einzubringen.

Person: Schließlich entschuldigte sich mein Chef dafür, dass er meine Arbeit übersehen hatte, und versicherte mir, dass er von nun an mehr darauf achten würde.

Sie: Wow, ich schätze, Sie fühlen sich dadurch ziemlich erleichtert und bestätigt - um nicht zu sagen, ein bisschen eingebildet.

Sondieren. Ohne wie ein aufdringlicher Vernehmer zu klingen, versuchen Sie, Suggestivfragen zu stellen, die Ihrem Gesprächspartner eine tiefere Ebene des Verständnisses und der Bedeutung entlocken. Die meisten Menschen mögen es, wenn man ihnen Fragen stellt, die wohlgeformt und nicht zu anmaßend sind. Wenn Sie sondieren, können Sie versuchen, Vermutungen darüber anzustellen, wie Menschen sich fühlen, wie sie reagieren und welche Wünsche sie haben. Diese Art der Vorhersage zeigt, dass Sie so engagiert sind, dass Sie mit ihnen Schlüsse ziehen wollen und auf ihrer Welle sind. Sie sind nicht nur mit ihnen da, Sie sind in ihren Emotionen gefangen.

> *Sie:* Wie haben Sie sich gefühlt, als die Frau Ihr Kind im Supermarkt beschimpft hat? Wie hätten Sie *wirklich* reagieren wollen?

Schweigen. Oft sagt eine gut platzierte Stille mehr aus, als wenn man den Raum mit zusätzlichem Geschwafel auffüllt. Stille kann jedem Teilnehmer einen winzigen Moment Zeit geben, um sich und seine Gedanken zu sammeln. Sie kann auch helfen, die Spannung abzubauen, die durch eine hitzige oder fruchtlose Interaktion entstehen könnte.

Person: Und *da* habe ich beschlossen, dass Fallschirmspringen nicht mein Ding ist, vor allem, wenn es mit der Arbeit zu tun hat.

Sie:

<u>Nicht</u> *predigen, unaufgefordert Ratschläge geben oder oberflächlich beruhigen.* Niemand mag es, auf eine Ebene gestellt zu werden, die dem anderen untergeordnet ist, und in der Kommunikation könnte dies dazu führen, dass der Sprecher das Gefühl hat, die weitere Diskussion abzubrechen.

Sie: Und das Schlimmste ist, dass er nicht daran denken kann, den Toilettensitz herunterzuklappen.

Er hält dir eine Predigt: Du hättest ihn gar nicht erst in dein Badezimmer lassen sollen.

Unaufgefordert berät er Sie: Sie sollten das Bad verbarrikadieren, bis er auf Ihre Forderungen eingeht.

Ich kann Sie beruhigen: Machen Sie sich keine Sorgen! Morgen ist wieder ein schöner Tag voller wunderbarer Möglichkeiten.

Stellen Sie führende und offene Fragen. Um zu zeigen, dass Sie sich für das Wohlbefinden Ihres Partners interessieren, stellen Sie einige nicht-binäre Fragen über seine Erfahrungen. Diese Fragen zeigen, dass Sie bereit sind, sich einzubringen und dass Sie an mehr als nur den Daten oder Fakten einer bestimmten Situation interessiert sind.

> *Person:* Also beschloss ich, ein paar Hundert Dollar später, dass das parallele Einparken vielleicht etwas ist, woran wir noch ein bisschen arbeiten müssen.
>
> *Sie:* Wie fühlen Sie sich dabei? Was sind Ihre Pläne für das Lernen? Wo wollen Sie es tun? Was erhoffen Sie sich davon?

Aktives Zuhören erfordert viel Geduld und Übung und kann selbst für Menschen, die gut darin sind, eine Herausforderung sein. Aber es zahlt sich aus, indem es eine Atmosphäre des echten Verstehens, des leichteren Informationsflusses und des erhöhten Respekts für alle Parteien schafft. Was wir mit dem aktiven Zuhören versuchen, wenn auch systematisch, ist, uns daran zu gewöhnen, die Emotionen anderer Menschen bewusst wahrzunehmen und unsere eigenen zu unterdrücken. Die ultimative Form davon kommt in der einfühlsamen Reflexion.

Einfühlsame Reflexion

Empathie im Dialog entsteht dadurch, dass man den Standpunkt der anderen Person verkörpert - und dies zeigt. Das Ausüben von Empathie geht einen Schritt weiter, als nur zu hören und anzuerkennen, was jemand sagt - es geht darum, das Gehörte auf einer Gefühlsebene zu verarbeiten. Während Sie zuhören, lassen Sie sich darauf ein. Fragen Sie sich ständig innerlich, was gesagt wird, und wie und warum.

Was ist in der Welt dieser Person los? Wer ist sie, was ist ihr wichtig und warum sagt sie Ihnen, was sie Ihnen sagt? Was sind ihre Werte und wie zeigen sie sich in der Art, wie sie mit Ihnen kommuniziert? Wie ist es, in diesem Moment sie zu sein? Mit anderen Worten, fragen Sie sich: Inwiefern macht das, was ich höre, für diese Person aus ihrer Perspektive *Sinn*?

Wenn etwas unvernünftig oder unlogisch erscheint, liegt das nicht daran, dass Sie mit einer unvernünftigen oder unlogischen Person sprechen - Sie übersehen nur einen Teil der Gleichung im Gedankengang dieser Person. Wir können uns immer bewusst darum bemühen, das, was Menschen sagen, zu bestätigen. Wenn wir validieren, sagen wir jemandem, dass seine Erfahrung eine *intrinsische Gültigkeit* hat. Nicht, dass wir mit ihnen übereinstimmen oder sie verstehen oder ihre Überzeugungen teilen oder irgendetwas in der Art - nur dass wir anerkennen, dass sie so fühlen, wie sie es tun, und dass sie ein vollkommenes Recht dazu haben. Manchen fällt das leichter als anderen, aber Sie können sich darin üben, indem Sie Dinge wie die folgenden sagen:

- „Das macht Sinn."
- „Hmm, können Sie mehr über XYZ sagen? Was haben Sie gemeint, als Sie

ABC sagten?"
- „Es scheint so und so der Fall zu sein. Habe ich Sie richtig verstanden?"
- „Uh-huh. Das verstehe ich."
- „Fahren Sie fort."
- „Glauben Sie, dass (vorläufige Interpretation einfügen)?"
- „Ich bin wirklich neugierig auf (etwas, das sie vorher gesagt haben)..."
- „Oh wow. Gut gemacht!"
- „Und warum haben Sie XYZ?"
- „Was ist dann passiert?"
- „Sie wollen mir also sagen (sehr kurze Zusammenfassung dessen, was gerade gesagt wurde)?"

Seien Sie jedoch gewarnt, dass Ihre Techniken des aktiven Zuhörens von einem narzisstischen Gesprächspartner völlig missbraucht werden können, der nur die geringste Ermutigung braucht. In diesem Fall sollten Sie sich zurücklehnen und so viel zuhören, wie Sie verkraften können, und sich anmutig zurückziehen, wenn Sie können - Sie können nicht „gewinnen", wenn Sie kooperativ mit einer Person sind, die entschlossen ist, zu dominieren. Lächeln

Sie und üben Sie sich im einfühlsamen Zuhören - Sie werden froh darüber sein, wenn ein kooperativerer Gesprächspartner auftaucht!

Stellen Sie sich das erste Beispielgespräch noch einmal vor, aber mit einem schlechten Gesprächspartner. Sie können sehen, wie die Anwendung bestimmter Techniken des aktiven Zuhörens angesichts eines dominanten Gesprächspartners eigentlich niemandem hilft.

„Ich habe so oft versucht, mit ihm darüber zu reden, aber ich muss sagen, er scheint es nicht wirklich zu *verstehen*, weißt du?"
(Stille).
„Ugh, ich weiß es nicht. Ich habe das Gefühl, dass ich mich vielleicht nicht beschweren sollte."
(Desinteressiertes Nicken, während die Person schnell auf ihren Telefonbildschirm schaut).
„Wie auch immer, genug von mir, denke ich. Wie geht es dir und Mike?"
(Plötzlich animiert) „Oh, uns geht es großartig. Neulich waren wir auf diesem

wirklich tollen Konzert, habe ich dir davon erzählt? Also, was passiert ist, war ... *bla bla bla.*"

Später kämpft der ursprüngliche Sprecher darum, „überhaupt zu Wort zu kommen", und was folgt, ist ein langweiliges, stundenlanges Gespräch über verschiedene Konzerte in der Stadt.

Was ein recht intimes, verbindendes Gespräch hätte sein können, das wirklich beiden Parteien zugute kommt, ist einfach zu einer gemeinsamen Plattform geworden, auf der jeder abwechselnd stehen und seine Geschichte erzählen darf. Wenn Sie jemals jemanden als langweilig empfunden haben, könnte es daran liegen, dass er tatsächlich *gelangweilt* war - nämlich von Ihnen und dem, was Sie zu sagen hatten, und nicht in der Lage war, Neugierde oder Interesse an *Ihnen* zu zeigen.

Daran sollten Sie denken, wenn Sie darüber nachdenken, wie Sie selbst ein besserer Gesprächspartner werden können. Versuchen Sie, darüber nachzudenken, warum Sie sich in manchen Gesprächen ignoriert, missverstanden oder nicht wirklich gehört gefühlt haben - was war die Einstellung der anderen Person Ihnen gegenüber? Vielleicht können wir unseren eigenen „Narzissmus" hier gut einsetzen. Um gute Zuhörer zu sein, müssen wir anderen Menschen die Möglichkeit geben, zu sprechen, gehört zu werden, mit ihren Geschichten Raum einzunehmen - also das, was wir wollen, wenn wir versucht sind, uns in Gespräche einzumischen oder sie zu dominieren!

Stellen Sie sich vor, dass Sie eine Geschichte nicht so sehr in sich aufnehmen, sondern sie an den Sprecher zurückspielen, wie bei unserem sprichwörtlichen Tennisspiel. Vielleicht haben Sie das schon einmal erlebt, als Sie mit einem sehr kleinen Kind zu tun hatten. Wenn Babys sehr klein sind, müssen sie erst lernen, wer sie sind, was sie fühlen und was ihre Erfahrungen bedeuten.

Eine Mutter könnte ein weinendes Kind ansehen und seinen stirnrunzelnden Gesichtsausdruck nachahmen und sagen:

„Ach, bist du unglücklich darüber?" Im Wesentlichen bringt sie dem Kind dadurch bei, dass seine Emotion „unglücklich" heißt, und auch wenn es das selbst nicht ganz verstehen kann, kann es den Ausdruck auf *ihrem* Gesicht sehen und beginnen, seiner eigenen Erfahrung einen Sinn zu geben.

Mit anderen Worten: Die einfühlsame Reflexion hilft Menschen, ihre eigene Erfahrung zu vertiefen und zu begreifen. Das ist der Grund, warum es in so vielen Bereichen des Lebens so wichtig ist, „bestätigt" zu werden, warum wir manchmal ein Publikum brauchen, warum wir andere brauchen, die uns ihre Aufmerksamkeit schenken - auf eine sehr tiefe Art und Weise bestätigt es, was wir fühlen, und noch tiefer, bestätigt es, dass wir einfach existieren.

Es wird angenommen, dass entwicklungsbedingte Störungen dieses Reflexionsprozesses eine Rolle beim Narzissmus im späteren Leben spielen - eine Person sucht vielleicht ewig nach äußerer Bestätigung und sieht andere

Menschen nicht als eigenständige Wesen, sondern lediglich als Werkzeuge zur Bestätigung ihres eigenen Egos (Spiegel!) oder als Nebenrollen in einem großen Theaterstück, in dem sie die Haupt- und möglicherweise einzige Figur ist.

Wenn wir tiefer gehen, können wir sehen, dass Konversation nicht nur der Austausch von Informationen ist, sondern viele wichtige Dinge darüber ausdrücken kann, wer wir sind und sein wollen, wie wir es brauchen, von anderen gesehen und anerkannt zu werden, und sogar, wie wir andere Menschen brauchen, um uns zu helfen, uns selbst und unsere Erfahrungen zu definieren - indem wir zuhören.

Haben Sie schon einmal das Gefühl gehabt, dass es Ihnen geholfen hat, Ihre missliche Lage besser zu verstehen, wenn Sie sich jemandem gegenüber wirklich geöffnet haben? Versuchen Sie, der nächsten Person, der Sie wirklich zuhören wollen, dasselbe anzubieten. Nehmen Sie einen Ansatz an: „Ich verstehe dich. Was du sagst und fühlst, ist wichtig, und du bist es auch." Ist es nicht komisch, dass sich so viele von uns nach dieser Aufmerksamkeit und Bestätigung sehnen, während sie nicht bereit sind, anderen die gleiche Höflichkeit zu erweisen?

Aus dieser Grundhaltung heraus wird es viel einfacher, sich wirklich auf eine Person einzulassen, anstatt eine Reihe von Techniken und Phrasen zu lernen und zu hoffen, dass deren Anwendung Sie dazu inspiriert, von außen nach innen ein besserer Zuhörer zu werden. Es könnte eine lustige Herausforderung sein, sich darin zu üben, sein Ego wirklich aus den Dingen herauszunehmen.

Versuchen Sie einen ganzen Tag lang, sich nur dem Zuhören zu widmen. Werden Sie ein leidenschaftlicher und neugieriger Erforscher des menschlichen Daseins. Schenken Sie den Menschen, mit denen Sie zu tun haben, die wärmste, faszinierendste Aufmerksamkeit. Sie werden vielleicht feststellen, dass Sie kontraintuitiv weitaus beliebter sind, als wenn Sie sich absichtlich vorgenommen hätten, die Leute zu beeindrucken!

Ein anderer Ansatz ist, sich vorzustellen, dass Sie und die andere Person nicht die Hauptakteure sind, sondern dass das Gespräch selbst das Wichtigste ist. Betrachten Sie beide Gesprächspartner als Hebammen, die gemeinsam dabei helfen, eine verfeinerte, besser verstandene Idee, einen neuen Gedanken oder ein aufgefrischtes Gefühl der Verbundenheit ins Leben zu rufen. Hören Sie sich an, was Ihnen gesagt wird, geben Sie es zurück und fügen Sie ein wenig zusätzliches „Interesse" hinzu, um zu zeigen, dass Sie die ursprüngliche Investition geschätzt haben. Ermutigen Sie Ihren Gesprächspartner, Sie auf diesem faszinierenden Prozess des gemeinsamen Aufbaus einer Sache zu begleiten.

Sie können auf viele Arten zum Gespräch beitragen. Versuchen Sie zu extrapolieren - nehmen Sie das Gesagte auf und erweitern Sie die Idee, fragen Sie, was als nächstes passiert oder verfolgen Sie eine Idee bis zu ihrem natürlichen Ende:

„Nun, ich habe die Nase voll vom Unterrichten und ich will auch nicht mehr in meinen alten Job zurück..."
„Heißt das, Sie wollen dann etwas ganz anderes machen?"

Sie können auch etwas hinzufügen, indem Sie eine Synthese erstellen - Sie nehmen einzelne Ideen und kombinieren sie sorgfältig. Die Idee ist, dass das Ganze größer ist als die Summe der Teile - d.h., Sie fügen ein größeres Bild hinzu, das wertvoller ist, als wenn Sie einfach jeden Punkt isoliert betrachten. Eine gute Möglichkeit, dies zu tun, ist, das Entweder-Oder-Denken aufzugeben und ein „Dies UND das"-Denken in Betracht zu ziehen:

„Nun, ich habe auf der einen Seite meine Mutter, die mir das eine sagt, und auf der anderen Seite meine Freunde, die mir sagen, ich solle etwas anderes tun, und ich habe keine Ahnung, auf wen ich hören soll!"

„Haben Sie bedacht, dass Sie auf keinen von beiden hören müssen?"

Wenn Sie können, versuchen Sie, das Wort „aber" zu vermeiden und es stattdessen durch „und" zu ersetzen. Wenn Sie „aber" sagen, heben Sie unweigerlich alles auf, was Sie vorher gesagt haben, und betonen das, was danach kommt. Wenn Sie „und" verwenden, wechseln Sie auf subtile Weise zu einer aufgeschlosseneren Perspektive, besonders wenn Sie jemandem Ihre Meinung sagen oder etwas anbieten, was als Kritik aufgefasst werden könnte, zum Beispiel:

„Also, was hältst du von meiner Kurzgeschichte?"
„Ich liebe sie! Besonders das Ende hat mir gefallen. Und ich fand es viel fesselnder als den Anfang. " (Vergleichen Sie dies mit „Ich liebe sie! Aber ich mochte den Anfang nicht so sehr wie das Ende. ")

Reflektieren ist auch sowohl eine Ursache als auch ein Effekt, um eine emotionale Bindung zu jemandem aufzubauen.

Menschen imitieren und reflektieren von Natur aus den Tonfall, die Sprache, die Körperhaltung und so weiter von Menschen, mit denen sie eine Verbindung eingehen. Aber Sie können das Nachahmen und Reflektieren auch nutzen, um die Verbindung zu fördern. Indem Sie die gleichen Worte, Bilder oder den gleichen Tonfall verwenden, zeigen Sie dem Sprecher, dass Sie auf „seiner Seite" stehen und sich darum kümmern, eine Brücke zwischen Ihnen zu bauen.

„Diese Stunde ist wirklich scheiße, ernsthaft." (Gesprochen von einer jugendlichen Schülerin zu ihrem erwachsenen Lehrer).
Ist sie das? Und was ist daran scheiße?"

Die gleiche Sprache zu verwenden, schafft viel eher eine Beziehung, als etwas zu sagen wie: „Wenn Sie mit der Stunde unzufrieden sind, möchten Sie das vielleicht mit dem Schulleiter besprechen." Auf einen lockeren Tonfall mit einem förmlichen und gestelzten zu antworten, dient nur dazu, die Distanz zu betonen, und wird wahrscheinlich nicht zu einem Gefühl gemeinsamer Ziele in diesem speziellen Dialog führen!

Natürlich muss das Reflektieren nicht nur verbal sein. Eine Person, die Ihnen eine traurige Geschichte mit einem langsamen, düsteren Tonfall erzählt, wird es wahrscheinlich zu schätzen wissen, wenn Sie es ihr gleichtun, anstatt ihr laut und aufgeregt zu antworten. Auch die Körpersprache kann viel aussagen, ebenso wie der Gesichtsausdruck. Viel kann kommuniziert werden, indem man einfach eine ähnliche Körperhaltung einnimmt, wenn man mit jemandem spricht. Wenn er sich vorlehnt, lehnen Sie sich auch ein wenig vor, um Ihr nonverbales Einverständnis zu zeigen. Wenn er lächelt, während er einen bestimmten Teil seiner Geschichte erzählt, ist ein Lächeln das nonverbale Äquivalent zum „Aha" und zeigt, dass Sie ihn verstehen und mitfühlen.

Manche Leute ziehen sogar in Erwägung, die Stimmlage oder den Akzent leicht zu verändern, um die Gemeinsamkeiten zwischen den beiden Parteien hervorzuheben (oder um zu betonen, wie außergewöhnlich Sie sind, wenn Sie so wollen!). Ist Ihnen schon einmal aufgefallen, dass zwei Expats aus dem gleichen Land manchmal ihren einheimischen Akzent überbetonen, wenn sie miteinander sprechen? Sie signalisieren dem anderen damit unbewusst: „Ich bin wie du. Wir sind Freunde, wir sind auf der gleichen Seite." Beachten Sie aber auch: Wenn jemand seit Jahrzehnten in einem fremden Land lebt, sich aber standhaft weigert, den lokalen Dialekt zu verwenden („Es heißt Sofa, nicht Couch!"), sagt Ihnen das sicherlich etwas.

Eine Frau vereinfacht vielleicht unbewusst ihre Grammatik und hebt die Tonlage ihrer Stimme an, wenn sie mit kleinen Kindern spricht, wirft aber viele große, beeindruckende Worte ein und spricht tiefer, wenn sie mit älteren Männern in einer Firmenumgebung spricht. Ein Arzt verwendet vielleicht gerade deshalb den lateinischen Begriff für ein häufiges Leiden, weil er sich als intelligenter und wichtiger als sein nichtmedizinisches Publikum profilieren möchte. Bei der konversationellen Empathie geht es letztlich um so viel mehr als um die wörtlichen Worte, die gesprochen werden.

In Anbetracht all dessen sollten Sie jedoch bedenken, dass das Reflektieren nicht immer die beste Idee ist und auch schiefgehen kann. Wenn Sie etwas Ungenaues wiedergeben, können Sie ungewollt zeigen, dass Sie nicht richtig zugehört haben, mit unglücklichen Folgen. Dies kann normalerweise durch eine aufrichtige Bitte um mehr Informationen oder eine Entschuldigung behoben werden, aber die beste Herangehensweise ist es, kleine Schritte zu machen und pauschale Interpretationen dessen, was Ihnen gesagt wird, zu vermeiden. Niemand hat gerne das Gefühl, analysiert zu werden oder dass man ihm sagt, was er denkt!

Ein weiteres Risiko ist die „verfrühte Enthüllung", d.h. das Ansprechen von etwas, das die andere Person noch nicht gerne bespricht oder noch nicht bereit ist, es zu erkunden - mit Ihnen oder vielleicht mit jemand anderem. In der Konversation am Anfang dieses Abschnitts könnte ein besonders scharfsinniger Zuhörer sagen: „Ich frage mich, ob du deine Beziehung zu diesem Mann noch einmal überdenkst." Diese Bemerkung mag in gewisser Weise „wahr" sein, aber ein wenig zu nahe gehen und viel intimer sein, als der Sprecher vielleicht verhandeln möchte. Wenn das passiert, kann ein respektvoller Rückzieher helfen. Wechseln Sie das Thema, oder verwenden Sie ein wenig Humor, um anmutig von dem heiklen Thema wegzukommen. Sie werden wahrscheinlich mehr Respekt und Vertrauen gewinnen, wenn Sie die Unannehmlichkeit schnell eingestehen und die Verantwortung übernehmen, als wenn Sie sich auf die Hinterbeine stellen und weitermachen.

„Emotionale Verlassenheit" ist eine weitere Sache, auf die Sie achten sollten. Nehmen wir an, Sie haben die obige Aussage gemacht, und die andere Person, die Ihnen vertraut, geht darauf ein. Sie öffnet sich vielleicht weiter, teilt einige persönliche Details mit und macht sich ziemlich verletzlich. Wenn Sie nicken und zuhören, dann vorschlagen, dass Sie einen Kaffee trinken gehen und unverblümt das Thema wechseln, kann es sein, dass sie sich im Stich gelassen fühlen, als ob Sie sie ins tiefe Wasser geführt und einfach dort gelassen hätten, mit dem Gefühl, ausgeliefert zu sein. Psychologen, die ihre Klienten in die Tiefe treiben, nur um ihnen dann fröhlich zu sagen, dass die Sitzung beendet ist, bevor sie die weinende Person schnell aus dem Raum geleiten - das ist emotionale Verlassenheit!

Schließlich sollten wir uns alle daran erinnern, dass ein guter Zuhörer zu sein *nicht* bedeutet, für jemanden den Seelenklempner zu spielen, und dass wir zu weit gehen können, wenn wir jemanden psychologisieren oder versuchen, große Theorien und Erklärungen dafür zu finden, wie er sich fühlt, die einfach nicht auf ihn zutreffen. Lesen Sie keine Gedanken, stellen Sie keine Vermutungen an und projizieren Sie nicht Ihre eigene Geschichte auf andere - das wird sich nicht wie Empathie anfühlen, sondern wie ein Eindringen.

Beim Zuhören wollen Sie die Menschen auf ihrem Weg zu ihren eigenen Schlussfolgerungen begleiten, anstatt anzunehmen, dass Sie weise und allwissend sind und ihnen etwas *zeigen* können. Bieten Sie Namen für Emotionen an oder schlagen Sie sanft mögliche Zusammenhänge oder Interpretationen vor, aber gehen Sie dabei behutsam vor. Sagen Sie nicht Dinge wie: „Das ist so typisch für dich. Du hast einen *Typ*, und du bist immer hinter demselben Typ Mann her, wegen deiner Vaterprobleme, richtig? Ich wette, du bist im Moment so wütend." Sagen Sie stattdessen: „Meine Güte, ich kann mir gar nicht vorstellen, wie sich das für dich anfühlt. Aber was hältst du von all dem?"

Einige der schlechtesten Gesprächspartner der Welt sind diejenigen, die fälschlicherweise glauben, dass sie gute Zuhörer sind, und die unbewusst „Einfühlungsvermögen" einsetzen, um ein Gespräch zu dominieren und indirekt ihr Ego zu füttern. Tappen Sie nicht in diese Falle!

Fazit:

- Zuhören ist wahrlich keine passive Tätigkeit. Nun, das kann es sein, aber das würde nur bedeuten, dass Sie keinen guten Job machen. In der Tat kann man sagen, dass tiefsinniges Zuhören extrem aktiv ist, bis zu dem Punkt, an dem es Sie ermüdet! Überrascht? Das liegt daran, dass der Zweck des wahren, tiefen Zuhörens darin besteht, mit jemandem *dorthin zu gehen*, und dazu gehört, genau herauszufinden, wohin Sie überhaupt wollen. Es ist eine Arbeit, die viel Verständnis, das Lösen subtiler Rätsel und Klärung erfordert. Es ist ein bisschen wie die Rolle eines Therapeuten, der hilft, Emotionen und Situationen zu entwirren.
- Zu diesem Zweck kommen wir zum Konzept des aktiven Zuhörens. Es ist eine Möglichkeit, sich an Gesprächen zu beteiligen, während man auf der Empfängerseite steht. Die meisten denken vielleicht, dass Empfangen einfach bedeutet, still zu sitzen, aber das

ist ein großer Fehler. Es gibt neun Arten des aktiven Zuhörens, die wir behandeln, wenn man versucht, eine tiefe Verbindung zu jemandem herzustellen: Verstehen, Behalten, Reagieren, Wiederholen, Reflektieren, Zusammenfassen, Benennen von Emotionen, Sondieren mit Leitfragen und Schweigen. Die nächste Stufe des aktiven Zuhörens könnte man als einfühlsame Reflexion bezeichnen. Hier konzentriert sich der Zuhörer auf die Emotionen, und zwar so sehr, dass Sie versuchen, vorherzusagen, was der Sprecher fühlt, und es mit ihm zu teilen.

Kapitel 4. Ich sehe dich, ich höre dich

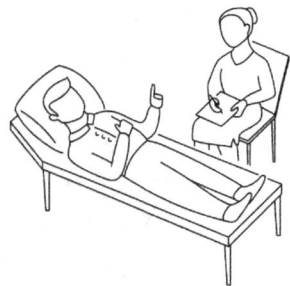

Wenn wir tiefer gehen als Gesprächsstile, bestimmte Worte, die Sie sagen, und so weiter, kommen wir zur vielleicht tiefsten Funktion jeder Kommunikation - von einer anderen Person gesehen, gehört, verstanden und anerkannt zu werden und das Gleiche auch für sie zu tun. Zuhören, ohne zu urteilen, ohne zu versuchen, etwas zu „reparieren" oder zu ändern, wie sich eine andere Person fühlt, und ohne sich mit seinen eigenen Gefühlen in die Angelegenheit einzumischen - all das kommt von Empathie.

Was ist eigentlich Kommunikation? Wenn zwei Menschen zusammenkommen, um irgendeine Art von Information auszutauschen, was geht dann wirklich zwischen ihnen vor? Jeder von uns ist eingebettet in die Welt, in der wir leben, in unsere Familien, Gemeinschaften und Kulturen. Wir sind gleichzeitig getrennt und auch verbunden. Was verbindet uns miteinander? Kommunikation.

Die Kommunikation besteht aus drei Teilen: der Person, die die Nachricht sendet, der Person, die die Nachricht empfängt, und der Nachricht selbst. Wenn in einem dieser drei Bereiche etwas schief läuft, wird die Kommunikation scheitern. Wenn der Sprecher sich nicht richtig ausdrückt, wenn der Zuhörer nicht wirklich zuhören will oder wenn die Nachricht so gesendet wird, dass sie nicht gehört werden kann, dann findet die Kommunikation einfach nicht statt.

Um gute Kommunikatoren zu sein, müssen wir zwei Dinge tun: verstehen, mit wem wir sprechen, und einen Weg finden, ihn direkt anzusprechen. Empathie hilft uns dabei, den ersten Teil zu erreichen - unser Publikum zu verstehen. Mit wem sprechen wir? Wie kommuniziert er und warum? Was will er und was ist für ihn wichtig? Wie sieht er Sie in der Konversation? Wenn Sie sich diese Fragen stellen, können Sie nicht nur anpassen, was Sie sagen, sondern auch wie Sie es sagen. Und all das geht nicht ohne Empathie, d.h. sich vorzustellen, wie es sein muss, jemand anderes zu sein.

Empathie bringt Menschen einander näher, löst Konflikte und Missverständnisse auf, bereichert unsere Erfahrungen und gibt uns das Gefühl, gehört und verstanden zu werden.
Wahres Einfühlungsvermögen entschärft Konflikte und fördert eine tiefere Intimität. Die so genannte „gewaltfreie

Kommunikation" basiert auf dem Prinzip, die emotionale Realität einer Person zu verstehen, anstatt sie zu leugnen, zu verändern, zu beurteilen, zu loben, wegzuerklären oder die Verantwortung dafür zu übernehmen. So verblüffend das auch klingt, es erfordert jedoch Übung. Betrachten Sie das folgende Gespräch.

Unnötige Eingabe

„Ich vermisse sie so sehr. Ich weiß, dass ich eigentlich schon darüber hinweg sein sollte, aber ich schätze, als sie starb, bin ich irgendwie auf Eis gelegt worden, und ich habe das Gefühl, dass ich die Dinge erst jetzt verarbeite..."
„Klingt, als hättest du eine schwere Zeit."

„Ja. Ich weiß es nicht. An manchen Tagen ist es OK, aber um ehrlich zu sein, komme ich damit nicht wirklich klar."
„Hm, ich erinnere mich, als meine Mutter starb, war ich ein Jahr lang ein Wrack. Aber im Nachhinein betrachtet war es irgendwie auch gut, in gewisser Weise, weißt du?"

„Eine gute Sache?"

„Ich habe einfach so viel über mich selbst gelernt, als ich das alles durchgemacht habe."

„Ich denke schon."
„Du solltest mit mir zum Kickboxen kommen, ich habe festgestellt, dass es wirklich hilft, etwas Körperliches zu tun, um das Blut wieder in Schwung zu bringen!"

„Vielleicht... Ich habe irgendwie Lust, eine Weile Trübsal zu blasen, um ehrlich zu sein."
„Hey... Kopf hoch. Ich weiß, wie du dich fühlst. Erinnere dich einfach an die guten Zeiten, ja? Du machst das so gut, ich bin stolz auf dich, dass du versuchst, durch all das positiv zu bleiben. Ich weiß nicht, das Leben arbeitet manchmal auf mysteriöse Weise..."

Obwohl beide Personen dieses Gespräch mit dem Gefühl verlassen, dass der Zuhörer einfühlsam war und sein Bestes getan hat, um hilfreich zu sein, hat sich der Sprecher wahrscheinlich nie wirklich *verstanden* gefühlt. Wenn wir uns um jemanden sorgen, kann es sein, dass wir seine „negativen" Emotionen wirklich verstehen und anerkennen, und wir bemerken vielleicht nicht einmal, dass wir uns selbst einmischen, um zu reparieren und zu lösen, um wegzuerklären. Vielleicht ist es uns unangenehm, uns unseren eigenen negativen Emotionen zu stellen, und deshalb ist es schwieriger, sie bei anderen zu erkennen. Vielleicht denken wir wirklich, dass wir das anbieten, was die andere Person braucht. Auch wenn die Absichten gut sein mögen, lautet die unbewusste Kommunikation: *Wie Sie sich fühlen, ist nicht gültig.*

Der Zuhörer oben bietet Ratschläge an und versucht, den Sprecher mit oberflächlichen Vorschlägen aufzumuntern, als ob er weit weg vom Schmerz des Sprechers stünde und nicht bereit wäre, ihn wirklich anzuerkennen oder ihm zu nahe zu kommen. Der unerbittliche Fokus auf Positivität betont ironischerweise nur die Negativität - und der Sprecher fühlt sich

nach diesem Gespräch vielleicht noch
trauriger und einsamer als zuvor.

Um Empathie sinnvoll einzusetzen,
versuchen Sie zuzuhören, ohne zu urteilen -
leichter gesagt als getan. Interpretieren
oder erklären Sie nicht, stellen Sie keine
Theorien auf und rechtfertigen Sie sich
nicht. Übernehmen Sie nicht die
Verantwortung dafür, dass sich die andere
Person besser fühlt, geben Sie ihr keine
Schuld, fühlen Sie sich nicht schuldig. Sie
fragen sich vielleicht: Was bleibt dann noch
zu tun? Das ist einfach: einfach zuhören und
akzeptieren, was gesagt wird.

Seien Sie neugierig auf das, was tatsächlich
kommuniziert wird, nehmen Sie Ihr Ego für
eine Weile aus dem Spiel und nehmen Sie
einfach wahr, was gesagt wird, ohne durch
das Gespräch zu hetzen. Seien Sie präsent
und versuchen Sie zu *verstehen,* woher der
Sprecher kommt, emotional. Wenn noch
etwas angesprochen werden muss, wird die
Zeit dafür kommen, aber wir wollen in der
Regel ein paar Schritte vorpreschen und das

führt zu dem Gefühl, nicht verstanden zu werden.

Bleiben Sie nicht an den Fakten oder dem logischen Argument dessen, was präsentiert wird, hängen, sondern hören Sie stattdessen mit dem „Herzen" zu und hören Sie den emotionalen Inhalt. Wie fühlt sich der Sprecher? Was sind seine Wünsche, Ängste, Bedürfnisse? Vergessen Sie völlig, wer Recht hat und wer die Schuld trägt. Gehen Sie mit ihnen „in die Tiefe", an ihrer Seite. Sie müssen nicht von ihren Emotionen überwältigt werden, aber Sie können durchaus versuchen, die Dinge für eine Weile durch ihre Augen zu sehen. Echtes Verständnis kann sich so viel besser anfühlen als Ratschläge oder Problemlösungen - die oft einfach am Thema vorbeigehen.

Ein empathischer Kommunikator zu sein, bedeutet, in sich selbst emotional reif zu sein und sich mit Emotionen wohl zu fühlen, was auch immer sie sind. Es ist die Fähigkeit, verletzlich genug zu sein, um zu fühlen, anstatt vor Gefühlen davonzulaufen, nach Lösungen zu greifen oder Unbehagen um jeden Preis zu vermeiden. Je besser Sie in der Lage sind, Ihr eigenes Unbehagen zu tolerieren, ohne es überstürzt zu beheben oder zu verleugnen, desto mehr werden Sie in der Lage sein, es anderen anzubieten.

Wenn Menschen trauern, sagen sie manchmal, wie sie von den unbeholfenen und vermeidenden Reaktionen der Menschen auf ihre Trauer doppelt betrübt sind. Was sie in diesem Moment wirklich wollen, ist, dass ihnen ihre Realität ehrlich und furchtlos gespiegelt wird. Sie wollen, dass jemand sagt: „Das tut weh. Ich kann sehen, dass es weh tut" und einfach bei ihnen ist und sie wissen lässt, dass sie nicht allein sind.

Eine gute Angewohnheit, die Sie sich aneignen sollten, ist zu vermeiden, dass Sie das, was andere sagen, durch Ihren eigenen Urteilsfilter laufen lassen, bei dem Sie in aller Ruhe entscheiden, was *Sie* über die Sache denken. Sie können entscheiden, dass jemand über- oder unterreagiert, oder auf eine Art und Weise reagiert, die Sie nicht

tun würden. Sie fangen vielleicht an,
darüber nachzudenken, wer die Guten und
wer die Bösen in der Geschichte sind, oder
Sie hinterfragen im Stillen den
Wahrheitsgehalt der dargestellten Version
der Ereignisse.

Sie setzen vielleicht einen Wissenschaftler-
oder Ermittlerhut auf und versuchen, das
Geheimnis zu lösen, den Bösewicht zu
identifizieren oder zu entscheiden, wer
falsch liegt und warum, oder welche Fakten
fehlen. Oder Sie spielen Krankenschwester
oder Mutter und entscheiden, dass die
schlechten Gefühle inakzeptabel sind und
dass es Ihre Aufgabe ist, diese Person zu
heilen, sie aufzumuntern oder sie dafür zu
schelten, dass sie Sie unglücklich macht...

Aber all das ist irrelevant - denn es geht um
Sie und nicht um *sie*. Ihre Meinung zu
diesem Thema ist im Moment nicht wichtig.
Lassen Sie alle Ihre Vorurteile, Ideen und
Überzeugungen beiseite und tauchen Sie in
ihre Welt ein. Wie fühlt es sich tatsächlich
an, in diesem Moment sie zu sein? Stellen
Sie sich nicht nur sich selbst in deren

Situation vor, - stellen Sie sich diese Person in ihrer Situation vor.

Eine weitere gute Idee ist es, der Person viel Zeit zu geben, um zu sprechen und sich auszudrücken, ohne das Gespräch zu einem Abschluss oder einer Zusammenfassung zu drängen. Selbst wenn dies subtil geschieht, kann es den Eindruck erwecken, dass der Zuhörer das Gespräch schnell beenden möchte, und dies kann die Gefühle der Person wirklich abwerten. Wenn jemand Ihnen seine Gefühle mitteilt und Sie mit einer simplen Zusammenfassung antworten, sagen Sie ihm, dass Sie nicht bereit sind, weiter zuzuhören, und dass Sie eigentlich wollen, dass er aufhört zu fühlen, wie er sich fühlt, und damit klarkommt.

Treiben Sie das Gespräch nicht voran und versuchen Sie nicht, eine Interpretation, Schlussfolgerung oder Lösung anzubringen, bevor der Sprecher tatsächlich in seinem eigenen Tempo dort ankommt. Dies wird vermitteln, dass Sie sich wirklich kümmern. Lassen Sie den Sprecher den Ton und das Tempo vorgeben, und passen Sie sich diesem einfühlsam an. Wenn Sie offene Fragen stellen oder lediglich reflektieren oder Unterstützung zeigen, wird sich die Person wahrscheinlich gehört fühlen, während geschlossene Fragen den Eindruck erwecken können, dass Sie eher daran interessiert sind, den Sprecher auf einen bestimmten Weg zu drängen, als ihn seine Gefühle ausdrücken zu lassen.

Sie werden vielleicht nie all die Wege erkennen, auf denen Sie anderen auf subtile Weise mitteilen, dass Sie ihre emotionale Erfahrung nicht wertschätzen und nicht wirklich zuhören, selbst wenn Sie sich wirklich bemühen, ein besserer Zuhörer zu sein. Manchmal sind wir uns gar nicht bewusst, auf welche Weise wir in einen Dialog mit festen Vorstellungen darüber eintreten, wie er verlaufen sollte, was die andere Person sagen sollte - und sogar welche Rolle wir für sie spielen sollten. Wahrscheinlich waren Sie schon einmal jemandem ausgeliefert, der wirklich glaubte, ein „guter Zuhörer" zu sein, aber in Wirklichkeit hatten Sie das Gefühl, dass Ihre

Erfahrung nur in die des anderen hineingeschoben wurde.

Ein guter Zuhörer ist vor allem offen und empfänglich und hat keine Angst, die Realität einer anderen Person vollständig zu erfassen, indem er sich auf ihre Gefühle einlässt, was auch immer sie sind, ohne dass sein eigenes Ego im Weg steht. Wenn Sie darüber nachdenken, ist dieses Phänomen in der heutigen Welt so selten, dass Sie, wenn Sie es jemandem in einem Moment der Verletzlichkeit erfolgreich demonstrieren können, wahrscheinlich sein Vertrauen für immer gewinnen und die Beziehung erheblich stärken werden.

Erinnern Sie sich im Zweifelsfall an all die Gelegenheiten, in denen Sie mit jemandem reden und Ihre Gefühlswelt mit ihm teilen wollten. Wollten Sie damals seine pop-psychologische Interpretation hören? Wollten Sie seine Meinung darüber wissen, was Sie falsch machen und wie Sie es in Ordnung bringen können? Wollten Sie, dass er ausflippt und unangenehm wird, damit Sie sich schuldig fühlen, weil Sie *ihm* ein schlechtes Gewissen machen? Wollten Sie, dass er Ihre Geschichte „überprüft" oder Ihnen sagt, dass Sie überreagiert haben, oder sich auf die Seite eines anderen stellt? Oder hätten Sie es sehr zu schätzen gewusst, wenn er Ihnen einfach gesagt hätte: „Hey, was auch immer passiert, ich bin hier und unterstütze dich. Erzähl mir mehr"?

Validieren

Wenn wir über Empathie nachdenken, das Zurückhalten von Urteilen und das einfache Überlassen des Wortes an andere, dann ist das wiederum keine völlig passive Aktivität.

Genau wie das aktive Zuhören enthält dieser Prozess, der Menschen das Gefühl gibt, gehört zu werden, mehrere verschiedene Ebenen. **Validierung** ist die verbale Bestätigung und Akzeptanz der Emotionen und Standpunkte der Person, mit der wir kommunizieren. Validierung ist die Botschaft, dass die Erfahrung und Realität einer Person gültig ist, was auch immer es ist. Für unsere Zwecke ist es wirklich eine Erweiterung des tiefen Zuhörens und der Achtsamkeit sowohl für das Gespräch als auch für die Meta-Konversation, die vor uns stattfindet.

Normales Zuhören kümmert sich um die bewusste Konversationsebene, aber Validierung befriedigt ein emotionales Bedürfnis (die Meta-Konversation), das jedes Mal auftaucht, wenn jemand den Mund aufmacht. Oft ist die Validierung der grundlegendste Grund, warum Menschen überhaupt ein Gespräch suchen. Auch wenn es anders erscheinen mag, suchen sie nicht nach Lösungen, Argumenten oder Erklärungen. Sie wollen nur, dass ihnen jemand bestätigt, dass sie nicht schlecht oder falsch oder seltsam oder allein sind, weil sie so fühlen, wie sie es tun.

Auf den ersten Blick mag Validierung wie ein ziemlich einfaches Konzept erscheinen, bei dem man nickt und ja sagt, wenn man es möchte (nicht einmal sehr von aktivem Zuhören zu unterscheiden), aber auch wenn es relativ unkompliziert klingt, gibt es richtige und falsche Wege zu validieren.

Validierung ist eine der mächtigsten Praktiken der Kommunikation, weil sie den Respekt zwischen zwei Menschen herstellt, egal ob sie alte Freunde oder Fremde sind. Die Gefühle von jemandem zu verwerfen - selbst wenn sie uns abstoßen - verschließt effektiv diese Schleusen und isoliert *beide* Seiten des Austauschs, wodurch die Beziehung gefährdet wird.

Echte Validierung hingegen hilft allen am Kommunikationsprozess Beteiligten, einen Gewinn zu erzielen. Der Empfänger bekommt eine Bestätigung seiner Menschlichkeit, aber der Geber bereichert auch seine eigene Statur und steigert sein Selbstwertgefühl. Großzügigkeit, Vertrauen und die Bereitschaft, sich anzuvertrauen, entstehen, und die Kommunikation geht selten schief, wenn alle diese Elemente funktionieren.

Darüber hinaus ist es viel wahrscheinlicher, dass Menschen, die sich selbst bestätigt fühlen, sich öffnen und *Ihnen* zuhören wollen und dieses Gefühl der Bestätigung zurückgeben. In der heutigen Welt, in der die Menschen mehr denn je gespalten sind, kann gegenseitige Bestätigung der erste Schritt sein, um einige ziemlich tiefe Gräben zu überbrücken und selbst eine Trennung, die mit Konflikten oder Missverständnissen einhergeht, rückgängig zu machen.

Studien, die in einem Artikel der University of Rochester aus dem Jahr 2010 zusammengefasst wurden, zeigen die positiven und subtilen Auswirkungen, die der Akt der Validierung auf eine erfolgreiche Beziehung hat. Es ist nicht nur eine Art, den Menschen Aufmerksamkeit zu schenken oder Respekt für die Wünsche der Menschen zu zeigen. Dies wäre der einfachste Weg, aber wahre Validierung geht viel tiefer, indem sie den Menschen das Gefühl gibt, angenommen und gehört zu werden.

In einer Studie wurde eine Auswahl von Teilnehmern angewiesen, sich auf das beste Erlebnis zu konzentrieren, das sie in den letzten drei Jahren hatten. Dann wurden sie mit einer anderen Person zusammengebracht und aufgefordert, ihr von diesem Erlebnis zu erzählen. Ohne dass sie es wussten, war diese andere Person kein Proband in der Studie, sondern jemand (ein „Konföderierter", wie die Forscher es ausdrückten), der darauf trainiert worden war, positiv auf ihr Erlebnis zu reagieren.

Andere Studienteilnehmer wurden mit Konföderierten unter dem Vorwand zusammengebracht, dass auch sie nur Teilnehmer der Studie seien. Anstatt jedoch über ihre positiven Erfahrungen zu sprechen, nahmen sie an einer „lustigen Aktivität" teil, die das Zeichnen beinhaltete.

Das Feedback der Probanden nach dem dritten Experiment zeigte eine interessante Aufteilung. Probanden, die an der lustigen Aktivität teilgenommen hatten, berichteten, dass sie ihre Partner mehr mochten und dass sie die Zeit mit ihnen mehr genossen hatten als diejenigen, die nur mit ihnen gesprochen hatten. Aber diejenigen, die ihre Erfahrungen besprochen und eine unterstützende Antwort erhalten hatten, berichteten, dass sie der anderen Person mehr *vertrauten* und dass sie eher bereit waren, mit ihren privaten Gedanken und Gefühlen gegenüber diesen Vertrauten offen zu sein.

Diese Affirmationen bewirkten, dass sich die Probanden noch besser fühlten, wenn sie positive Erfahrungen machten. Sie fühlten sich in den täglichen, grundlegenden Strukturen ihres Lebens sicherer und erzeugten im Gegenzug eine große Menge an Wohlwollen. Sie kamen auf eine weitere Ebene der Zufriedenheit und des Wertes zusätzlich zu der ursprünglichen Erfahrung - und das alles durch einen recht einfachen Akt der Bestätigung.

Es ist wichtig anzumerken, dass die positiven Ereignisse, über die die Probanden sprachen, nicht alle große Lebensereignisse waren, die allgemein auf einer Massenebene validiert werden - positive Lebensveränderungen wie ein Schulabschluss, eine Heirat oder die Geburt eines Kindes. Die meisten von ihnen waren einfach glückliche Erlebnisse oder Interaktionen, Dinge, die jeden Tag stattfinden. Aber die Bestätigung dieser kleineren Ereignisse war für die Probanden genauso wichtig, wenn nicht sogar noch wichtiger. Unterstützende Bemerkungen über sie zu hören, förderte die Bedingungen für Vertrauen und Zuversicht, ganz zu schweigen von Großzügigkeit im Gegenzug.

Zweistufige Emotionen

Jede verbale Interaktion sieht auf dem Papier einfach aus, aber manchmal können wir bei der Ausführung stolpern. Bei der Validierung ist es nicht anders: Es gibt Komponenten, die man einbeziehen muss, um sie spürbar zu machen. Wenn sich jemand uns anvertraut oder eine bestimmte unmittelbare Emotion ausdrückt, möchte er, dass diese Emotion von seinem Gesprächspartner verarbeitet und akzeptiert wird. Das ist nicht immer der Fall.

Es gibt zwei Hauptkomponenten einer Validierung, die ihren Erfolg bestimmen.

Identifizieren der Emotion. Während das Erkennen unserer eigenen Emotionen ein entscheidender Teil unserer persönlichen psychischen Gesundheit ist, ist die Fähigkeit, dies mit jemand anderem zu tun, ein großes Plus für unsere Beziehungen und unsere soziale Gesundheit. Die Fähigkeit, unsere Interpretation der Emotionen unseres Partners zu verbalisieren - bevor er direkt sagen muss „Ich bin wütend" oder „Ich bin traurig" - öffnet die Tür zu einer positiven Bestätigung. Es zeigt, dass wir wissen, was der andere mitteilt, dass wir wirklich zuhören und nicht nur hören.

„Ich kann sehen, wie sehr Sie das aufregt."

„Ich frage mich, ob Sie sich im Moment überwältigt fühlen."

„Finden Sie es fair zu sagen, dass Sie sich im Zwiespalt befinden?"

Rechtfertigung der Emotion. Sobald wir erkannt haben, was unser Kommunikationspartner fühlt, ist der nächste Schritt, es als eine richtige - oder zumindest sehr verständliche - emotionale Reaktion zu verkünden: „Wenn *ich* an deiner Stelle wäre, würde ich mich auch so fühlen!" Das schafft ein Gefühl der Gemeinsamkeit, dass die Gefühle des Partners genau das sind, was vernünftige Menschen unter den gegebenen Umständen fühlen würden. Es vermittelt, dass Sie die gleichen Emotionen empfinden wie er und unterstreicht, dass die Art und Weise, wie er fühlt und denkt, berechtigt ist.

Mehr als das, es sagt der anderen Person, dass die Art, wie sie sich fühlt, Sinn macht und eine vernünftige, gerechtfertigte Reaktion ist. Zugegeben, die Emotionen, die sie erleben, sind vielleicht nicht positiv, aber das bedeutet nicht, dass es falsch ist, sie zu empfinden.

„Ich kann total verstehen, was du meinst."

„Wenn Sie es so erklären, macht es Sinn, dass Sie so gehandelt haben."

„Es überrascht mich nicht, dass Sie sich erschöpft fühlen."

„Ihre Meinung ist völlig normal und verständlich!"

Die Gefühle Ihres Partners zu rechtfertigen ist eine viel wichtigere Komponente als sofort Ratschläge zu geben, was zu tun ist. Er will das Gefühl haben, dass Sie zuerst mit seiner Notlage mitfühlen, bevor er hört, welche korrigierenden Maßnahmen er ergreifen soll - wenn er diese überhaupt hören will.

Ohne zuerst seine Emotionen anzuerkennen, würden selbst gut gemeinte oder korrekte Ratschläge einfach zu dem Schluss führen, dass der Sprecher etwas falsch gemacht hat oder dass sein emotionaler Zustand in erster Linie seine Schuld ist. Bevor wir einen Ratschlag geben, müssen wir uns mit ihm auf einer sympathischen, emotionalen Ebene verbinden. Das wird die spätere Erarbeitung einer Lösung viel einfacher und unterstützender machen. Oftmals ist es die Bestätigung, nicht der Ratschlag, was Menschen in einer Interaktion suchen. Sie *wissen* bereits, was sie zu tun haben, sie wollen nur, dass jemand anderes ihre Erfahrung hört und sie ihnen zurückspiegelt.

Das sagt uns, dass emotionale Unterstützung wichtiger ist als eine To-Do-Liste, um die Umstände oder Gefühle von jemandem in Ordnung zu bringen; tatsächlich ist es *viel* wichtiger, sich wegen etwas besser zu fühlen, als zu wissen, was man dagegen tun kann.

Wie funktionieren diese beiden Komponenten in der realen Kommunikation? Stellen wir uns zunächst ein Szenario vor, das *nicht* funktioniert:

> *Partner 1:* „Ich kann das nicht glauben! Ich habe Stress auf der Arbeit wegen etwas, das mein Chef mir aufgetragen hat! Ich wusste, dass es eine schlechte Idee war, ich habe dagegen protestiert, sie haben mich dazu gezwungen, es hat alles durcheinander gebracht, und jetzt hat mir mein Chef gesagt, dass ich dieses Wochenende Überstunden machen muss, um alles wieder rückgängig zu machen!"
>
> *Partner 2:* „Ich habe dir gesagt, dass dieser Ort eine Katastrophe ist, bevor du den Job angenommen hast. Du solltest dich nicht wundern, dass das passiert."
>
> *Partner 1:* „Mensch, danke, dass ich mich schlechter fühle."
>
> *Partner 2:* „Ich bin nicht derjenige, der ins Bestattungsgewerbe gehen

wollte. Sieh mich nicht so an. Warum suchst du dir nicht einen anderen Job?"

Was ist falsch an der Antwort von Partner 2? So ziemlich alles. Partner 1 war verärgert über eine Situation, die er als unfair empfand. Er hat sich darüber geärgert, dass er bei der Arbeit nicht ernst genommen wurde und dann im Stich gelassen wurde, als die Dinge schief gingen. Partner 2 macht im Grunde genau das Gleiche. Indem er Partner 1 daran erinnert, dass „ich es dir ja gesagt habe", nimmt Partner 2 seine Gefühle ebenfalls nicht ernst. Er verurteilt Partner 1 dafür, dass er die falsche Entscheidung getroffen hat, und sagt ihm, dass er sich nicht aufregen sollte, weil er im Grunde selbst Schuld hat.

Hier ist ein weiteres Beispiel:

Person A: „Nun, dieser Produzent hat sich wieder bei mir gemeldet und er sagt, sie sind sehr an meinem Track interessiert! Das ist so unglaublich! Ich war noch nie so aufgeregt in meinem Leben!"

Person B: „Woah, woah, langsam da. Was haben sie genau gesagt?"

Person A: „Nur, dass der Track einen großen kommerziellen Wert hat und sie bald mit mir über eine Partnerschaft sprechen wollen! Oh mein Gott, oder?!"

Person B: „Ja, das ist toll, aber es ist kein Trick oder so, richtig? Du musst deine Erwartungen zügeln - ich würde es hassen, wenn du enttäuscht wärst."

Sie können praktisch hören, wie Person A der Wind aus den Segeln genommen wird, oder? Im obigen Beispiel können wir sehen, dass es mehr als möglich ist, auch positive Gefühle zu entwerten. Person B hat im Grunde kommuniziert, dass die Aufregung und Freude von Person A nicht „richtig" oder zu viel ist - d.h., dass sie nicht gültig ist. Sie minimiert diese Aufregung und versucht, Person A zu sagen, was sie fühlen *sollte* (was für ein Idiot!).

Werfen wir einen Blick auf diese aktualisierten Austausche, die viel mehr ins Schwarze treffen:

Partner 1: „Ich kann das nicht glauben! Ich habe Stress auf der Arbeit wegen etwas, das mein Chef mir aufgetragen hat! Ich wusste, dass es eine schlechte Idee war, ich habe dagegen protestiert, sie haben mich dazu gezwungen, es hat alles durcheinander gebracht, und jetzt hat mir mein Chef gesagt, dass ich dieses Wochenende Überstunden machen muss, um alles wieder rückgängig zu machen!"

Partner 2: „Haben sie das wirklich getan? Nein! Das ist ärgerlich! Ich wäre auch wütend darüber."

Partner 1: „Ich habe einfach das Gefühl, dass ich an diesem Ort keine Kontrolle über mein eigenes Schicksal habe."

Partner 2: „Das muss wirklich entmutigend sein. Ich verstehe nicht, wie sich jemand unter solchen Bedingungen gut fühlen kann, besonders in einem Bestattungsunternehmen."

In diesem Austausch gelingt es Partner 2 viel besser, die Erfahrung von Partner 1 zu validieren. Er hat die Emotion identifiziert, die Partner 1 empfindet, nämlich Ärger („Das ist ärgerlich!"). Dann hat er die Emotion als richtig oder verständlich etabliert und genau so, wie man sich in dieser Situation fühlen würde („Ich wäre auch wütend darüber"). Partner 2 wiederholt dann den Vorgang bei der letzten Aussage: Partner 1 fühlt sich „entmutigt", und jeder würde in dieser Situation genauso fühlen und handeln.

Beachten Sie, dass Partner 2 im zweiten Austausch nicht versucht, das Problem zu beheben oder sogar unbedingt bewusste Schritte unternimmt, damit sich Partner 1 besser fühlt. Partner 1 muss sich in diesem Moment wütend fühlen; das ist eine berechtigte Emotion. Wenn Partner 2 versucht hätte, eine Lösung zu erzwingen, indem er Ratschläge gibt oder etwas anderes vorschlägt, hätte er den emotionalen Prozess von Partner 1 unterbrochen. Es wäre ein Versuch gewesen, Partner 1 daran zu hindern, sich so zu fühlen, wie er sich berechtigterweise fühlen darf.

Wichtiger ist, dass sich Partner 1 in seiner Antwort bestätigt fühlt, dass er verstanden wird und sich in ihn einfühlen kann. Das stärkt die Qualität ihrer Kommunikation. Wenn es zufällig einen Weg gibt, wie Partner 2 später effektiv Hilfe anbieten oder eine Lösung erarbeiten kann, großartig. Aber ohne das Gefühl, dass die Gefühle des Partners gültig sind, wird diese Bemühung nicht viel wert sein. Selbst wenn Sie wissen, was getan werden muss, und jemanden für idiotisch halten, weil er sich selbstzerstörerisch verhält, sehen Sie es so: Er kann es nicht verstehen, wenn er es nicht selbst sagt. Also müssen Sie es mit Humor nehmen und sich bis zu einem gewissen Grad auf sein Drama einlassen, um ihn erfolgreich zu validieren, ihn emotional zu unterstützen und vielleicht sogar zu einer Lösung zu führen.

Schauen wir uns das zweite Gespräch an, das mit mehr Validierung überarbeitet wurde:

Person A: „Nun, dieser Produzent hat sich wieder bei mir gemeldet und er sagt, sie sind sehr an meinem Track interessiert! Das ist so unglaublich! Ich war noch nie so aufgeregt in meinem Leben!"

Person B: „Wow! Wirklich? Erzähl mir davon."

Person A: „Sie sagen, der Track hat großen kommerziellen Wert und sie wollen bald mit mir über eine Partnerschaft sprechen! Oh mein Gott, oder?!"

Person B: „Haha, genial. Ich merke, dass du super aufgeregt bist, das ist toll! Jeder wäre darüber überglücklich."

Hier wird die emotionale Realität von Person A nicht entkräftet, sondern anerkannt, als gültig angesehen und zurückgespiegelt. Beachten Sie, dass auch Person B die „Energie" von Person A aufnimmt. In dieser Version fühlt sich Person A wahrscheinlich super unterstützt und ermutigt.

Wenn Person B nun wirklich Bedenken hat, kann sie diese später immer noch äußern, wenn es angebracht ist. Das Ziel dieses Gesprächs ist jedoch einfach, zu bestätigen und präsent zu sein. Es kann das Ziel eines weiteren Gesprächs zu einem späteren Zeitpunkt sein, die Details zu besprechen.

Antworten validieren

Im ersten Beispiel oben sind die Reaktionen von Partner 2 unangemessen, weil sie die legitimen Emotionen von Partner 1 zum Entgleisen bringen. Partner 2 möchte sich nicht auf Partner 1 konzentrieren, aus welchem Grund auch immer - er möchte sich einfach nicht mit ihm auseinandersetzen. Die unhöfliche, knappe und gemeine Reaktion von Partner 2 macht also eine schlechte Situation noch schlimmer.

Aber nicht alle solchen Reaktionen sind böse gemeint - man kann auch, ohne es zu ahnen, mit guten Absichten die Gefühle von jemandem verletzen. Einige der harmloseren Antworten, die wir auf den emotionalen Aufruhr einer Person geben, können sie tatsächlich verletzen, ohne dass wir merken, was vor sich geht. Das ist wahrscheinlich das, was die meisten von uns tun, wenn wir *denken,* dass wir sie bestätigen; in Wirklichkeit machen wir die Situation nur noch schlimmer.

Wenn man zum Beispiel jemanden über eine Situation tröstet, die ihn nervös oder ängstlich macht, könnte man etwas sagen wie „Mach dir *keine Sorgen"* oder *„Du solltest dich nicht so fühlen."* Und man sagt es vielleicht in einem beruhigenden Ton, damit sich die Person besser fühlt. Man meint es gut. Andere Sätze, die zwar gut gemeint sind, sich aber ziemlich entkräftend anfühlen, sind z. B.:

„Oh, du wirst deine Meinung bald ändern!"

„Pst, alles wird gut."

„Darüber sollten wir jetzt nicht nachdenken."

„Komm schon, Kopf hoch."

„Hey, du bist besser als das!"

„Sei nicht albern, was gibt es da zu befürchten?"

„Oh, du meinst es nicht so, du bist nur müde."

Aber solche Antworten sind eigentlich entkräftend. Sie *sind* besorgt über ihre Situation; sie fühlen sich *tatsächlich* so. Jemandem zu sagen, dass er sich nicht optimal verhält, negiert sein Anrecht auf seine eigenen Gefühle. Selbst wenn Sie diese Bemerkung aus Freundlichkeit machen, könnte Ihr Partner sie als Entwertung seiner völlig normalen Gefühle auffassen. Es ist einfach nicht hilfreich, das zu hören, ähnlich wie jemandem zu sagen: *„Hey, werde einfach größer."*

Eine alternative Antwort, die den Partner erfolgreich bestätigt, könnte sein: *„Ich kann spüren, dass du dir wegen dieser Situation Sorgen machst."* Diese Antwort versichert dem Partner, dass seine Sorgen echt sind und dass deren Anwesenheit angemessen ist. Denken Sie daran, Ihr Ziel ist es, Emotionen zu erkennen und sie dann zu begründen - nichts weiter. Sie müssen diese

Gefühle nicht bewerten oder entscheiden, ob sie richtig oder falsch sind. Sie müssen ihnen nicht die Erlaubnis geben, zu existieren oder diese Emotionen mit Ihren eigenen vergleichen. Sie müssen nur zuhören und akzeptieren.

Eine weitere entwertende und wenig hilfreiche Antwort ist *„Es tut mir leid, dass Sie sich so fühlen."* Man könnte meinen, dass die Phrase „Es tut mir leid" eine Form der Empathie ist. Und in gewisser Weise kann es das auch sein. Aber es kann auch als ein leeres Gefühl interpretiert werden. Wenn jemand seinen Job verloren hat, aus dem Haus geworfen wurde, an einer schweren Krankheit erkrankt ist oder eine andere schreckliche Verletzung oder ein schlimmes Schicksal erlitten hat, reicht ein „Es tut mir leid" nicht ganz aus. Indem Sie sagen, dass es Ihnen leid tut, dass jemand emotionalen Aufruhr erlebt - dass er sich „so fühlt" -, suggerieren Sie auch, dass er sich anders fühlen *sollte*, was er aber nicht tut. Ob er sich auf eine bestimmte Weise fühlen *sollte*, ist irrelevant, da er nicht ändern kann, was er bereits fühlt.

Eine validierende Option wäre: *„Ich kann verstehen, warum du dich so fühlst - ich denke, jeder andere würde das auch tun."* Denken Sie daran, dass es bei der Validierung darum geht, auszudrücken, dass die Erfahrung von jemandem Sinn macht und gültig ist. Zu erklären, dass er ein Recht darauf hat, sich unwohl zu fühlen und dass solche Gefühle normal sind, hilft dabei, Spannungen abzubauen und eine Verbindung zum Rest der Welt herzustellen: Er wäre nicht allein damit, sich so zu fühlen. Selbst wenn Sie denken, dass Sie sich *nicht* genau so fühlen *würden*, ist es wichtig, festzustellen, dass andere *das auch tun würden*. (Außerdem wissen Sie vielleicht nicht wirklich, wie Sie sich in dieser Situation fühlen würden - wahrscheinlich ist es Ihnen noch nicht passiert.)

Ebenso implizieren Antworten wie *„Wenigstens ist es nicht wie..."* oder *„Es könnte schlimmer sein"*, dass die Bedenken Ihres Partners unlogisch oder unbegründet sind. Emotionen sind nie logisch, aber sie sind *real*. Vielleicht *kann* das Problem schlimmer sein, aber welchen Unterschied macht das im subjektiven Realitätsempfinden von jemandem? Wenn Sie einen Weißen Hai hätten, der an Ihrem Bein kaut, und jemand würde zu Ihnen sagen, dass er wenigstens nicht an *beiden* Beinen kaut, würde das nicht viel dazu beitragen, den Schmerz, den Sie empfinden, zu beenden, oder? Objektive Vergleiche mit schlimmeren Situationen dienen dazu, den Sorgenmacher „in die Schranken zu weisen", auch wenn sie dazu dienen, dass sich der Partner kurzfristig besser fühlt. Aber sie sind nur eine freundlichere Form der Ausgrenzung und eine Art zu sagen: „Deine Gefühle sind zu viel." Das Urteil darüber, ob die Situation von jemandem schlimmer sein kann oder nicht, liegt bei der Person, die die Emotionen empfindet. Wenn wir versuchen, Emotionen zu klassifizieren und zu bewerten, enden wir nur damit, sie zu verurteilen.

In dieser Situation würde eine angemessene bestätigende Antwort dem Zuhörer das Gefühl geben, ernst genommen zu werden: *„Sie haben wirklich eine Menge durchgemacht"* oder *„Erzählen Sie mir mehr darüber, was Sie fühlen."* Diese Antworten erkennen das Gewicht der Probleme der anderen Person an und versichern ihr, dass Sie bereit sind, ihre Sorgen ernst zu nehmen und nicht herunterspielen wollen, wie schlecht es ihr geht.

Offene Ablehnungen sind nicht nur Entwertungen, sondern geradezu Vorwürfe: *„Ich werde diese Diskussion nicht führen!"* Das ist entkräftend, weil es die Kommunikation direkt abbricht und außerdem sagt, dass die Anliegen der anderen Person unwürdig sind. Mit dieser Aussage schränkt der Befragte die Kommunikation ein - offensichtlich gibt es einige Themen, die er nicht mit Ihnen besprechen möchte, während ein echter Freund oder Partner überhaupt keine Tabuthemen haben würde. Sie können sich vorstellen, wie es sich anfühlt, wenn Sie mit jemandem ein Gefühl teilen möchten, und er im Grunde schreiend davor wegläuft!

Eine bessere Antwort ist*: „Möchtest du Hilfe, um dieses Problem zu lösen?"* oder (wieder) *„Erzähl mir mehr darüber, was du fühlst."* Das hilft dem Partner, das Gefühl zu haben, dass er, wenn schon nicht eine

Komplettlösung, so doch zumindest einen offenen Weg zu einem besseren Ergebnis hat. Es zeigt ihm, dass sein Problem von Bedeutung ist, und dass er als Menschen die Mühe wert ist und eine Lösung für dieses Problem verdient.

Wenn es sich so anhört, als würde ich Ihnen raten, im Kontakt mit den Gefühlen anderer Menschen auf Eierschalen zu laufen, falls Ihnen eine dieser Reaktionen herausrutscht, tun Sie das nicht. Sie werden wieder so reagieren, wenn Sie mit diesem Buch fertig sind. Das werde ich auch, um ehrlich zu sein, denn wir beide meinen es gut, und wir sind Menschen, die Fehler machen.

Seien Sie sich aber bewusst, dass diese Antworten Abwertungen sind, auf die so schnell wie möglich mit bestätigenden Aussagen reagiert werden sollte. Denken Sie daran, dass Sie versuchen, eine Verbindung herzustellen und die Kommunikation frei fließen zu lassen. Dadurch wird der Schwenk zurück zur Validierung leichter fallen. Wenn Sie wirklich ins Fettnäpfchen getreten sind, können Sie die Dinge sofort wieder in Ordnung bringen, indem Sie sich Ihren Teil eingestehen und sofort wieder eine Verbindung herstellen. „Ups, ich glaube, das kam falsch rüber, ich entschuldige mich. Ich kann abschweifen, wenn ich helfen will! Bitte, erzähl mir noch einmal von XYZ..."

Sechs Schritte zur Validierung

Das Erlernen der sechs Schritte der Validierung, wie sie von Kate Thieda skizziert wurden, könnte ein kluger Anfang für diejenigen von uns sein, die Dinge gerne in Schritte unterteilen. Wenn Ihr Freund oder eine geliebte Person sich in einem verletzlichen Zustand befindet und die Hand ausstreckt, sind dies die Stufen und die Reihenfolge, die Sie durchlaufen sollten, um effektiv zuzuhören und mit ihnen zu kommunizieren.

1. Seien Sie anwesend. Zuallererst: Seien Sie präsent. Dies ist der einfachste und zugleich schwierigste Schritt von allen. Es bedeutet nicht nur, körperlich anwesend zu sein und Blickkontakt zu halten. Gegenwärtig zu sein, besteht eigentlich eher aus zwei kleineren

Schritten: dem Partner Ihre absolute Aufmerksamkeit zu schenken und dann entgegenkommend zu sein und zu verstehen, dass er im Moment mit großen Emotionen zu kämpfen hat.

Der erste Teil ist physisch: Es bedeutet einfach, Ablenkungen zu eliminieren. Schalten Sie Ihr Telefon aus, schalten Sie den Fernseher aus, und reduzieren Sie die Lautstärke der Musik auf ein Summen im Hintergrund. (Sie könnten sie auch einfach ausschalten, aber entspannende Musik kann die Umgebung für die Kommunikation etwas einfacher machen).

An einem öffentlichen Ort ist das natürlich komplizierter - wenn es einfach ist, sich an einen ruhigeren Ort zu begeben, tun Sie das. Wenn nicht, versuchen Sie, Ablenkungen zu vermeiden, indem Sie sich ganz auf Ihren Partner konzentrieren und sich zum Hören vorbeugen, wenn es nötig ist. Neigen Sie Ihren Körper zu ihm hin und verwenden Sie offene, akzeptierende Gesten, Körperhaltungen und Gesichtsausdrücke.

Der zweite Teil bedeutet, die starken Gefühle des Partners zu akzeptieren - sich als einfühlsam zu präsentieren. Wir können zu schnell auf eine intensive Gefühlsäußerung reagieren, und es ist nur fair, wenn man zunächst erschrocken ist, wenn jemand sehr traurig oder wütend ist. Sobald sich der Schock jedoch gelegt hat, ist es wichtig, Ihrem Partner zu zeigen, dass Sie mit ihm so umgehen wollen, wie er ist. Das können Sie tun, indem Sie eine offene Frage stellen: *„Sag mir, was los ist", „Was fühlst du gerade?"* oder *„Kannst du darüber sprechen, was passiert ist?"* Sie sollten auch auf Ihre visuellen und mimischen Signale achten und diese abschwächen, um Ihren Partner wissen zu lassen, dass Sie offen sind, zuzuhören und nicht geneigt sind, zu urteilen.

Was Sie tun wollen, ist, einen Raum zu öffnen, damit die andere Person ihre Geschichte richtig erzählen kann, ohne Unterbrechung, Interpretation oder Widerspruch. Ein guter Tipp ist es, nach dem Sprechen absichtlich ein paar Sekunden innezuhalten und der Person durch die Stille zu zeigen, dass Sie nicht darauf warten, mit einer eigenen Antwort oder Reaktion aufzuspringen, sondern wirklich aufmerksam zuhören. Stille ist ein hervorragendes Werkzeug - wenn sie mit echter Aufmerksamkeit gepaart ist, können Sie die Person dazu ermutigen, sich zu öffnen und mehr zu sprechen.

2. Genaue Reflexion. Nachdem Sie Ihrem Partner zugehört haben, um zu erklären, was passiert ist, ist der nächste Schritt zu zeigen, dass Sie sich auf sein Wohlbefinden konzentrieren und versuchen zu verstehen, was er fühlt. Das ist der Moment, in dem Sie versuchen, eine genaue Reflexion dessen anzubieten, was er gerade ausgedrückt hat. Reflexion kann verschiedene Formen annehmen, aber alle sind verbale Äußerungen, die die Emotionen Ihres Partners widerspiegeln, den Kontext liefern und ihm versichern, dass Sie seine Gefühle verstehen. *„Ich spüre, dass du enttäuscht bist, weil du den Job nicht bekommen hast"* oder *„Ich kann deine Angst vor dem Umgang mit deiner Familie an Thanksgiving verstehen."*

Es muss nicht mehr als ein oder zwei Sätze der Anerkennung sein - eigentlich sollte es auch nicht mehr sein. Es sollte gerade genug sein, um Ihren Partner wissen zu lassen, dass Sie ihm zuhören, dass Sie Ihr Interesse und Ihre Besorgnis beisteuern, und dass Sie seine Geschichte weiter hören wollen.

Eine subtilere Art der Reflexion besteht darin, an Schlüsselstellen der Geschichte einfach anerkennende Laute von sich zu geben. Um zu zeigen, dass Sie der Person zuhören und sie verstehen, nicken Sie, wenn es angebracht ist, sagen Sie „Aha", lächeln Sie, wenn sie lächelt oder spiegeln Sie den Gesichtsausdruck zurück, den sie verwendet.

Versuchen Sie auch, ihre Gefühle in Ihren eigenen Worten zu umschreiben, anstatt einfach Wort für Wort zu wiederholen, was sie zu Ihnen gesagt hat. Das wortwörtliche Wiederholen ihrer Aussagen beweist nur, dass Sie ein gutes Kurzzeitgedächtnis haben. Wenn Sie es jedoch in Ihrer eigenen Sprache umformulieren, zeigt das, dass Sie versuchen, die Person auf einer tieferen

Ebene zu *verstehen*. (Außerdem könnte es als Sarkasmus aufgefasst werden, wenn Sie etwas nachplappern, wie ein Erwachsener, der ein weinendes Kind nachahmt).

3. Verhalten lesen und erraten, was sie fühlen. Aus einer Vielzahl von Gründen sind viele von uns von ihren Gefühlen getrennt und haben keinen Kontakt zu ihnen. Eine große Ursache für diese Trennung ist, dass wir in der Vergangenheit Abwertung erfahren haben. Vielleicht haben unsere Eltern unsere Gefühle als Kinder vernachlässigt (wie zum Beispiel das nachahmende Elternteil im letzten Absatz). Oder vielleicht haben wir früher versucht, anderen gegenüber ehrlich über unsere Gefühle zu sein, und deren Reaktionen waren so verletzend, dass wir jetzt unsere Gefühle unterdrücken und sie vergraben halten.

Manchmal wissen Menschen, dass sie verzweifelt sind, ohne ein starkes Gefühl dafür zu haben, was wirklich das Problem ist. Wenn sie jedoch laut sprechen, sortieren sie ihre Gedanken und bekommen ein klareres Bild davon, wie sie sich fühlen. Genau hier können Sie ansetzen.

Der nächste Schritt besteht darin, zu erraten, wie sich Ihr Partner fühlt, indem er sich verhält: *„Ich vermute, du fühlst dich von deinen Eltern abgelehnt, weil sie kein Vertrauen in deine Entscheidungen zeigen"* oder *„Es klingt für mich so, als wärst du frustriert über deinen Kollegen, weil er seine Zusagen nicht einhält."*

Sie können großzügig Gebrauch von Gefühlswörtern machen, um zu versuchen, seine Erfahrung zu erfassen und zusammenzufassen, so dass Sie sie mit ihm teilen können, indem Sie seine Erfahrung definieren und gleichzeitig validieren. Zum Beispiel: „Du scheinst im Moment wirklich verärgert/enttäuscht/ängstlich/deprimiert zu sein".

Es ist wichtig, diese Aussage als *Vermutung zu* formulieren, nicht als eine feste Erklärung Ihrer Überzeugung oder Diagnose der Situation. Die Person kommt nicht zu Ihnen, um sich sagen zu lassen, wie sie sich fühlt, sondern um zu erfahren, wie sie sich fühlt. Durchsetzungsfähig zu sein, bringt Sie in eine Position, in der Sie der anderen Person überlegen sind und die Antworten auf ihre Probleme kennen. Das kann sich enorm entkräftend anfühlen, so als ob Sie sich als allmächtiger Gefühlsexperte aufspielen und den anderen mit Ihrer Weisheit beglücken. Das schafft eine Distanz, eine Art Mentor-Schüler-Beziehung, die dazu führen kann, dass Ihr Gesprächspartner weniger mitteilsam ist, ganz zu schweigen von Ressentiments.

Dies ist ein Schritt über das Reflektieren von Emotionen hinaus, denn Sie warten nicht darauf, dass die andere Person sich äußert. Sie übernehmen hier die Führung und versuchen, sie zu einer emotionalen Lösung zu führen. Sie moderieren also und achten genau darauf, wie Ihre Vermutungen aufgenommen werden.

Ein weiterer Grund, warum Sie Ihre Interpretation der Gefühle als Vermutung darstellen müssen, ist natürlich, dass Sie falsch liegen könnten. In diesem Schritt ist es völlig in Ordnung, falsch zu liegen. Sie versuchen herauszufinden, was ihre Gefühle sind. Aber letztendlich ist sie diejenige, die ihre Emotionen fühl, und sie weiß am besten, welche das sind. Wenn Sie eine falsche Vermutung haben, wird sie Sie vielleicht korrigieren. Auch das ist völlig in Ordnung. Sie könnte erklären, dass es keine Angst ist, die sie fühlt, sondern ein vages Gefühl von Unbehagen, zum Beispiel. Geben Sie ihr eine sichere Umgebung, um sich zu erklären, ohne dass Sie ihr Worte in den Mund legen. Wenn sie weiß, dass Sie nur spekulieren, wird sie sich sicherer fühlen, wenn sie klärt, was mit ihr passiert.

4. Verstehen Sie sein Verhalten im Kontext seines Lebens. Dieser Schritt hängt davon ab, dass Sie die Vorgeschichte und die Struktur Ihres Partners kennen - und wenn Sie sich schon lange nahe stehen, sollten Sie diese Vorgeschichte einigermaßen gut kennen. Alle Reaktionen, die wir jetzt haben, sind das Produkt von Ereignissen und Erfahrungen, die wir in der Vergangenheit gemacht haben, sowie der Art und Weise, wie wir biologisch aufgebaut sind. In diesem Validierungsschritt drücken Sie eine

Verbindung zu seinem Verhalten aus, indem Sie verstehen, wie die Vergangenheit seine Handlungen und Gefühle geprägt hat.

Mit anderen Worten: Sie stellen seine aktuelle Erfahrung in einen größeren Kontext. Das ist von Natur aus validierend, denn Dinge in einen Kontext zu stellen, ist eine kraftvolle Art zu sagen, dass sie Sinn machen, dass sie dazugehören und dass sie angemessen sind. Wenn wir die Reaktionen der Person als einen natürlichen Teil eines größeren Ganzen sehen können, fühlt sie sich berechtigt und richtig, diese Gefühle zu haben.

Nehmen wir zum Beispiel an, Ihr Freund wurde von einem Auto angefahren, während er als Kind mit dem Fahrrad unterwegs war. Die Verletzungen waren nicht schwer, aber das Ereignis war verständlicherweise traumatisch. Vor allem, weil es passierte, als er noch sehr jung und beeinflussbar war, hat er vielleicht Angst, auf ein Fahrrad zu steigen oder die Straße im dichten Verkehr zu überqueren.

Das ist ein etwas einfaches Beispiel, bei dem es am Ende für alle relativ gut ausgegangen ist (obwohl es zu der Zeit scheiße war). Seien Sie sich aber bewusst, dass viele ernstere und schmerzhaftere Erfahrungen für Ihren Partner im Spiel sein können. Er hat vielleicht Missbrauch erfahren, unter dem frühen Tod seiner Eltern gelitten, schreckliche Gewalt in Kriegszeiten oder im Kampf gesehen oder eine andere schwere Tragödie erlebt. In solchen Fällen sollten Sie vorsichtig vorgehen - und Ihre Antwort sollte diese Vorsicht widerspiegeln. *„Da ich weiß, dass du deine Mutter in jungen Jahren verloren hast, glaube ich zu verstehen, warum du Angst vor dem Verlassenwerden hast." „Ich kann mir vorstellen, dass es dir nicht leicht fällt, jemandem zu vertrauen, nachdem du in einer missbräuchlichen Beziehung warst."*

In Wirklichkeit weiten wir diese Rücksichtnahme auf Menschen jedes Mal aus, wenn wir ihre Erfahrungen validieren - unabhängig davon, ob wir über ihre Vergangenheit Bescheid wissen oder nicht. Denken Sie einmal so: Es gibt *immer* eine Erklärung dafür, warum Menschen sich so verhalten, denken und fühlen, wie sie es tun. Unabhängig davon, ob Sie wissen, welche das ist, oder ob Sie ihr zustimmen oder sie verstehen, es *gibt* eine Erklärung, und sie macht für sie Sinn!

5. Normalisieren oder bekräftigen Sie ihre emotionalen Reaktionen. Wenn etwas passiert, das eine große Reaktion in uns auslöst, ist das ein einzigartiges und neues Ereignis - es ist kein normales Vorkommnis. Es bringt uns dazu, etwas zu fühlen, was wir im normalen Verlauf unseres Lebens nicht oft erleben. Aus einer ganzen Reihe von Gründen fühlen sich Menschen vielleicht nicht in der Lage, ihren Gefühlen einen Sinn zu geben, oder sie machen sich Sorgen, dass ihre Reaktion sie schlecht oder irgendwie falsch macht. Alle Menschen schauen auf andere, um ihre Erfahrungen zu bewerten und ihrer Welt einen Sinn zu geben. Obwohl wir alle das Bedürfnis haben, gesagt zu bekommen: „Es ist OK, deine Reaktion ist normal", denken viele von uns nicht daran, aktiv die Idee zu kommunizieren, dass Gefühle, jegliche Gefühle, OK sind.

Es ist wichtig, Emotionen zu validieren. Obwohl die Situation selbst nicht normal ist, sind die emotionalen Reaktionen unseres Partners auf diese ungewöhnliche Situation völlig normal. Auch wenn sich eine bestimmte Reaktion unangenehm oder negativ anfühlt, bedeutet das nicht, dass die Person etwas falsch macht, wenn sie sich so fühlt.

Zum Beispiel ist es keine Kleinigkeit, von einem Job gefeuert zu werden. Es ist ein seltenes Ereignis, das eine Menge extremen Stress und Trauma verursachen kann. Jemand, dem gerade gekündigt wurde, fühlt sich vielleicht ängstlich und macht sich Sorgen um seine Zukunft - und es ist sehr wichtig für ihn zu wissen, dass Angst und Sorgen völlig normal sind. *„Wenn ich gerade entlassen worden wäre, würde ich mich auch nervös wegen der Zukunft fühlen."*

Ihr Partner muss verstehen, dass seine Reaktionen nicht bizarr oder falsch sind; er muss wissen, dass andere genauso fühlen würden, wenn sie das durchmachen würden. Dadurch fühlen sie sich weniger allein. Oft ist so viel von unserer

Verzweiflung über eine Situation eigentlich Verzweiflung darüber, *wie wir uns in dieser Situation fühlen*, und nicht so sehr die Situation selbst. Es kann eine große Hilfe sein, zu wissen, dass wir in Wahrheit normal sind und dass nichts falsch oder ungewöhnlich ist.

Wenn Sie jedoch ihre Gefühle als normal bestätigen, ist es wichtig, *nicht* so etwas zu sagen wie *„Du wirst schon wieder"* oder *„Es wird schon wieder."* Diese Aussagen, so gut sie auch gemeint sind, entwerten die Gefühle Ihres Partners, indem sie die Diskussion effektiv beenden und die Wirkung seiner schwierigen Gefühle negieren. Sie wissen tatsächlich *nicht*, ob es gut werden wird. Selbst wenn Ihre bisherigen Erfahrungen mit diesen Gefühlen gut ausgegangen sind, heißt das nicht, dass *seine* auch gut werden. Und selbst wenn Ihre Vorhersage richtig ist, was nützt es ihm jetzt, wenn er sich so fühlt, wie er sich fühlt?

Eine bessere Option wäre *„Ich habe Vertrauen in deine Fähigkeit, das durchzustehen"* - aber selbst das ist an diesem Punkt nicht unbedingt notwendig. Die Gefühle Ihres Partners sollten im Mittelpunkt stehen. Und er muss wissen, dass sie es sind. Dass Sie in der Lage sind, zu verstehen und zu bestätigen, was er fühlt, ist für ihn im Moment viel wichtiger. Er braucht den Raum, um dies selbst durchzustehen, ohne von einer netten, gut gemeinten Bemerkung abgeschnitten zu werden. Wenn Sie ihm diese Möglichkeit geben, wird er hoffentlich zu demselben Schluss kommen und für sich selbst spüren: *Mir geht es gut.*

6. Radikale Aufrichtigkeit. Dies hängt mit der vorherigen Stufe der Normalisierung der Gefühle Ihres Partners zusammen und geht noch einen Schritt weiter. Am Ende Ihrer Kommunikation sollte Ihr Partner das Gefühl haben, dass er eine echte Person ist, die gültige Gefühle erlebt, und *nicht* jemand, der verrückt und inkompetent ist. Die Endphase sollte dazu führen, dass Ihr Partner sich geliebt und ernst genommen fühlt - dass Sie ihn als gleichwertigen Partner respektieren und dass er im Moment nur eine besonders schwere Zeit durchmacht.

Wenn wir radikale Aufrichtigkeit zum Ausdruck bringen, geben wir ein wenig von uns selbst preis. Indem wir verletzlich und ehrlich sind, verbinden wir uns mit der anderen Person; wir sagen ihr nicht nur, dass sie nicht allein ist, wir *zeigen es* ihr. Ohne Ratschläge oder Urteile zu geben, kann es hilfreich sein, sich über eine ähnliche Erfahrung zu öffnen, um Vertrauen zu schaffen und zu zeigen, dass man weiß, was der andere durchmacht. Sie könnten sagen: „Habe ich dir jemals erzählt, dass mir etwas Ähnliches passiert ist, als ich jünger war?"

Überlegen Sie: „Ich weiß nicht, wie es ist, einen Hund zu verlieren, aber meine Katze ist sehr alt, und ich mache mir ständig Sorgen, dass sie stirbt. Ich kann mir vorstellen, dass es sich anfühlen muss, als ob nichts sie jemals ersetzen könnte." Ein solches Bekenntnis dominiert nicht das Gespräch, sondern zeigt der anderen Person, dass Sie sich einfühlen können, dass Sie verstehen und dass Sie mit ihr da sind und die normale menschliche Erfahrung des Verlustes teilen.

Dies könnte ein guter Zeitpunkt für den Ausdruck *„Ich habe Vertrauen, dass du das durchstehen wirst"* sein, da es sich darauf bezieht, dass sie eine normale Person in einer herausfordernden Situation ist. Aber es ist wichtig zu zeigen, dass Sie *daran glauben*, dass sie so ist - dass Sie wissen, dass sie in der Lage ist, ihre Probleme zu lösen oder sich an Veränderungen anzupassen, dass sie nicht hilflos oder unfähig ist, etwas richtig zu machen. Das ist die Definition von radikaler Aufrichtigkeit: den geliebten Menschen als ein menschliches Wesen zu behandeln und zu unterstützen, dem Sie vertrauen und an das Sie glauben, besonders wenn es ihm schlecht geht.

In dieser Phase wird nur eine echte, aufrichtige Verbindung funktionieren. Sie können sie nicht vortäuschen! Beziehungen und Freundschaften entstehen aus Gefühlen der Liebe, des Glücks und der Zufriedenheit. Aber sie werden *erhalten*, indem man diese Gefühle in praktizierende Bestätigung umwandelt, und das erfordert Arbeit und Gewissenhaftigkeit.

Fazit:

- Gehen Sie mit anderen in die Tiefe - die Tiefe, die sie gemeinsam erschaffen haben, nicht in Ihre eigene persönliche Tiefe. Validierung ist eine etwas verlorene Kunst. Validierung ist der Akt des Respekts und der Anerkennung der Absichten und Emotionen von Menschen. Wenn wir validieren, drücken wir aus, dass die Erfahrung eines anderen, seine Gedanken, Gefühle, Perspektive und sogar er selbst gültig, sinnvoll und verständlich sind.

- Es kann so einfach sein wie ein Kopfnicken, aber es erfüllt den größeren Zweck, dass sich Menschen emotional verstanden und erfüllt fühlen. Auf der grundlegendsten Ebene besteht Validierung daraus, die Emotionen der Menschen zu identifizieren und sie dann zu rechtfertigen. Sie agieren zunächst als Detektiv, um zu verstehen, womit Sie es zu tun haben, und geben den Menschen dann das Gefühl, dass sie in ihrem emotionalen Erleben völlig vernünftig sind. Emotionen sind nie ganz rational, aber sie sind immer real.

- Oft, wenn wir versuchen zu validieren, verschlimmern wir die Situation, indem wir entwertende Aussagen verwenden. Das sind Aussagen, die die Gefühle der Menschen abtun oder herunterspielen, wie z. B. „Oh, das wird schon wieder" oder „So solltest du dich nicht fühlen!" Sie sind präskriptiv und versuchen, Menschen davon zu überzeugen, die positive Seite der Dinge zu sehen - aber das ist nicht das, was sie in diesem Moment brauchen.

- Ein hilfreicher sechsstufiger Weg zur Validierung ist folgender: präsent sein, Emotionen genau wiedergeben, Emotionen erraten, Emotionen im Kontext verstehen, Emotionen bekräftigen und dann ehrlich sein. Es ist nicht immer notwendig oder sogar möglich, jeden dieser Schritte zu praktizieren, aber es lohnt sich, diesen Weg schrittweise zu gehen und dabei den Kontext, Ihre Position und das, was die andere Person am meisten von dem Gespräch braucht, zu berücksichtigen.

- Wir können präsent sein, indem wir Ablenkungen ausschalten, aufmerksam zuhören und die Stille nutzen. Wir können reflektieren, indem wir paraphrasieren, den Tonfall, die Körperhaltung oder die Sprache spiegeln oder sogar Fragen stellen, um mehr Informationen zu erhalten. Wir können Emotionen erraten, indem wir vorsichtige Vorschläge machen, wie sich die andere Person fühlt, und dann ihre Reaktion beobachten. Wir können dann diese Emotionen bestätigen, indem wir Aussagen machen, die sie als normal und verständlich bestätigen. Schließlich können wir echtes Mitgefühl zeigen, indem wir ein wenig von uns selbst preisgeben und ehrlich sind, um echte Gefühle von Vertrauen und Verbindung zu fördern.

Kapitel 5. Lesen und Analysieren

Zuhören ist wirklich eine Übung im *Lesen* von Menschen, nicht wahr? Menschen sind reichhaltige Quellen für Informationen, sowohl verbal als auch nonverbal. Wenn Sie lernen, andere zu lesen, nehmen Sie diese Informationen auf und geben dann eine möglichst genaue Einschätzung ab.

Es gibt Möglichkeiten, dies ein wenig direkter zu machen. In Wirklichkeit ist das tiefe Zuhören eine Teilmenge der Fähigkeit, andere zu bewerten. Das gemeinsame Thema bleibt jedoch, dass Sie Ihre eigenen Vorurteile, Wünsche und Ziele aus der Gleichung entfernen müssen, damit Sie die Person vor Ihnen klarer als das sehen können, was sie ist. Wenn Sie dieses erste Ziel nicht erreichen können, legen Sie den Grundstein für Ihr zwischenmenschliches Versagen.

Der erste Möglichkeit, wie wir Menschen generell besser lesen und analysieren können, ist über emotionale Intelligenz.

Emotionales Genie

Das beste moderne Konzept der emotionalen Intelligenz stammt von dem Psychologen Daniel Goleman.

Emotionale Intelligenz bedeutet, die Emotionen zu kennen und wahrzunehmen, die *Sie* fühlen und warum Sie sie fühlen, und diese Art von Bewusstsein dann auf andere zu übertragen. Sie sind in der Lage, Ihrem emotionalen Zustand ein Etikett zu verpassen und dessen Ursache und Wirkung zu finden. Im weiteren Sinne ist emotionale Intelligenz die Fähigkeit, die Emotionen anderer Menschen genau zu lesen und die Gründe für sie abzuleiten.

Wir können also unsere eigene innere Realität als Modell verwenden, auf das wir die inneren Realitäten anderer Menschen abbilden können. Wenn wir „emotional gebildet" sind, können wir beginnen, die gleichen Muster in anderen zu sehen und ähnliche Gefühle zu erkennen. Das erfordert natürlich ein gewisses Maß an Selbsterkenntnis.

Wenn Sie anfangen zu denken „Warum hat sie das gesagt?" und „Was hat ihn dazu gebracht, das zu tun?", anstatt sofort zu reagieren, ist das der Beginn Ihres Weges zur emotionalen Intelligenz. Es geht darum, die ganze Kausalkette der Motivationen und Absichten anderer Menschen zu verstehen und wie das zu ihren Emotionen führt, die wiederum zu ihrem Verhalten führen.

Wenn wir die verborgenen Ursachen hinter den Worten, Gedanken und Gefühlen von Menschen näher betrachten, sehen wir ein ganzes Universum von Motivationen, Verbindungen, Assoziationen und Zielen, sowohl bewusst als auch unbewusst. Wenn wir wissen, wie wir dieses komplexe Netz untersuchen können, können wir andere Menschen besser verstehen und nachvollziehen, *warum* sie so sind, wie sie sind.

Hohe emotionale Intelligenz ist so, als könne man die Gedanken anderer Menschen lesen. In Wirklichkeit ist diese alltägliche Superkraft nicht so komplex und erfordert den Widerstand gegen mächtige Aspekte der menschlichen Natur, die uns dazu bringen, uns nur auf uns selbst zu konzentrieren.

Nehmen Sie Charlotte. Charlotte tänzelt mit beschwingten Schritten und einem Lächeln im Gesicht ins Büro. Bevor sie sich hinsetzt, stellt sie ihrer Kollegin eine Frage: „Was hältst du von meinem neuen Haarschnitt?" Derek, ihrem Mitarbeiter, ist es völlig egal, wie ihre Haare aussehen, aber er mag Charlotte, und er weiß auch, dass sie sich oft Sorgen um ihr Aussehen macht. „Es sieht toll aus", schwärmt er. „Der neue Schnitt bringt deine Augen richtig zur Geltung."

„Das dachte ich mir auch!", schwärmt sie und nimmt Platz. „Danke." Sie lächelt.

Da Derek Charlottes Gefühle verstand und sich um sie sorgte, wusste er, dass sie eher um Ermutigung und Lob bat als um eine apathische Ablehnung. Charlotte wollte sicherlich keine detaillierte Styling-Bewertung ihrer Wahl, schon gar nicht von jemandem wie Derek. Er las die Situation und stellte eher eine Verbindung zu ihrem emotionalen Zustand her als zu ihrer einfachen und scheinbar unschuldigen Frage. Seine freundliche Antwort bestärkte ihren Eindruck von seiner Vertrauenswürdigkeit und Freundlichkeit und ließ ihre Meinung über ihn steigen.

Oberflächlich betrachtet, führen Derek und Charlotte ein gewöhnliches Gespräch auf einer gewöhnlichen Ebene. Aber in

Wirklichkeit findet die Unterhaltung auf einer ganz anderen Ebene statt - der emotionalen, unausgesprochenen, sogar unbewussten. Derek gilt wahrscheinlich als freundlicher, kluger und netter Kerl, weil er die Fähigkeit hat, Menschen so zu lesen. Aber er sieht nicht irgendetwas Zusätzliches an Charlotte, das niemand sonst sehen kann - er nimmt sich nur die Zeit, richtig zu lesen, was schon da ist.

Jedes Mal, wenn Sie Ihre emotionale Intelligenz verbessern, werden Sie mehr Interaktionen wie diese haben. Es geht um Verständnis und Rücksichtnahme und darum, aus den eigenen Wünschen und Perspektiven herauszutreten. Zugegeben, jemandem zu sagen, dass sein neuer Haarschnitt gut aussieht, ist nicht genial, aber das gleiche Konzept kann, wenn es auf größere Themen angewendet wird, das Leben von Menschen wirklich verändern.

Daniel Golemans modernes Konzept der emotionalen Intelligenz kann in vier Hauptkategorien beschrieben werden. Sie alle greifen ineinander, um eine Blaupause für das bessere Verstehen und Lesen anderer zu schaffen.

Selbst-Bewusstsein

Wenn wir uns unserer selbst bewusst sind, wissen wir, wer wir sind, was wir denken und was wir fühlen. Wir wissen, dass wir weniger schaffen, wenn wir deprimiert sind. Wir wissen, dass wir schwungvoller und produktiver sind, wenn wir Kaffee trinken. Wir wissen, dass wir, wenn wir gestresst sind, weniger Geduld für die Bedürfnisse anderer Menschen haben. Wir erkennen Emotionen als Grundlage für die meisten unserer Handlungen - und können dieses Verständnis als Basis für die Entwicklung von Empathie für andere nutzen, die auf ihre Weise das Gleiche tun.

Kurz gesagt, wir wissen, was wir fühlen, warum wir so fühlen und wie sich unsere Gefühle auf unser Verhalten auswirken. Wir sind Experten für Emotionen - wir sind emotional intelligent. Selbstbewusste Menschen sind auch in der Lage, die Auswirkungen ihrer Emotionen auf andere

Menschen zu beobachten. Sowohl Freude als auch Traurigkeit neigen dazu, ansteckend zu sein, und eine selbstbewusste Person weiß, dass ihre Emotionen ihre Umgebung beeinflussen und von ihr beeinflusst werden.

Zur Selbsterkenntnis gehört auch, dass wir unsere Stärken und Schwächen kennen, so dass wir uns entsprechend anpassen können, wenn wir uns in der Welt beobachten. Noch wichtiger ist, dass es uns hilft, bereit und in der Lage zu sein, Ratschläge und Kritik anzunehmen. Menschen, die sich ihrer wirklichen Fähigkeiten oder ihres Wertes nicht so bewusst sind, werden entweder denken, dass sie zu inkompetent und unfähig sind zu lernen, oder dass sie bereits alles wissen und nicht belehrt werden müssen.

Beides trifft auf niemanden zu, und Menschen, die in diese Fallen tappen, kommen jeweils als faul oder als arrogante Besserwisser rüber. Wenn Sie zugeben können, dass Sie Hilfe brauchen und die angebotene Hilfe oder den Rat annehmen, zeigen Sie anderen Menschen, dass Sie ihre Meinung schätzen und ihr Wissen respektieren. Durch das Annehmen von Hilfe fühlen sich die Menschen, die Ihnen helfen, wichtig und gebraucht, was wir alle zu schätzen wissen. Hören Sie auf, Ihre Fehler als etwas Schlechtes zu betrachten; sie sind in Wirklichkeit Gelegenheiten, Freunde zu finden und neue Dinge zu lernen.

Sie können Ihre Selbstwahrnehmung auf viele Arten verbessern. Insgesamt müssen Sie sich einfach besser kennenlernen. Professionelle psychologische Tests oder Persönlichkeitstests können einen gewissen Einblick geben, ebenso wie Sie Ihre Freunde bitten können, Sie nach verschiedenen Persönlichkeitsmerkmalen oder Fähigkeiten zu bewerten. Es ist auch möglich, zu beobachten, wie Menschen auf Sie reagieren, wenn Sie bestimmte Dinge tun oder sagen, und so einen Einblick zu gewinnen, welche Eigenschaften Sie haben, die zu ihren Reaktionen beitragen. Dies erfordert ein wenig Geduld und Ehrlichkeit.

Oder Sie können sich einfach hinsetzen und über Dinge nachdenken, die Sie getan haben, und fragen, *warum*. Und dann fragen Sie wieder, *warum*. Und dann tun Sie es noch drei weitere Male - das erlaubt Ihnen normalerweise, die Schutzwälle, die Sie um sich herum aufgebaut haben, zu durchbrechen und zum Kern der Sache zu gelangen. Denken Sie nicht nur an diesen Moment, sondern an Ihre gesamte Geschichte und frühere Erfahrungen, einschließlich Ihres Verhaltens in der Vergangenheit und der Ergebnisse dieser Entscheidungen. Alles, was Ihnen Feedback darüber gibt, warum Sie Ihre Emotionen fühlen, ist nützlich.

Treten Sie einen Schritt zurück und halten Sie inne, wann immer Sie eine starke Emotion erleben. Schließen Sie die Augen und versuchen Sie nachzuvollziehen, was in den letzten ein oder zwei Stunden passiert ist, das Sie zu diesem Gefühl geführt hat. Gibt es irgendwelche Fakten oder Erlebnisse in der Vergangenheit, die erklären würden, warum Sie sich bei bestimmten Dingen und Menschen in Ihrem

Leben auf eine bestimmte Weise fühlen? Was wirft derzeit einen unbewussten Schatten auf Ihre Stimmung? Indem Sie dies tun, werden Sie ein bewusster und proaktiver Teilnehmer an der Entfaltung Ihrer eigenen Emotionen, anstatt sich nur treiben zu lassen.

Wenn Sie zum Beispiel um 18 Uhr wütend sind, denken Sie darüber nach, was Sie seit 15 Uhr getan haben. Sie sind nach Hause gefahren, haben einen Snack gegessen, Ihre Jogginghose angezogen und ein bisschen ferngesehen.

Wenn Sie jedoch Ihre Heimfahrt visualisieren, erinnern Sie sich plötzlich daran, dass Ihnen jemand den Weg abgeschnitten hat und dass Sie außerdem unaufhörlich angepiept wurden. Das hat Sie aufgeregt und Sie spüren noch Stunden später die Auswirkungen dieses Stimmungsdämpfers. Dies ist eine Vereinfachung des Prozesses, der viel schneller abläuft. Wenn Sie anfangen zu graben, sind Sie vielleicht in der Lage, Ursachen und Verstärker von Verhalten auf der Skala von Tagen, Wochen oder sogar Jahren auszugraben. Sie können beginnen, mit mehr Einsicht und Verständnis auf sich selbst zu schauen - und gleichzeitig üben, diese Neugierde auch auf andere auszudehnen.

Die traurige Realität ist, dass die meisten Menschen nicht im Einklang mit ihren Gefühlen sind. Sie fühlen sie vielleicht ziemlich stark, aber es fehlt ihnen das Bewusstsein für ihre wahre Quelle, was sie daran hindert, jemals die Verantwortung für die Veränderung dieser Emotionen zu übernehmen oder Empathie zu empfinden. Oft werden wir von den emotionalen Auswirkungen von Dingen, die längst irrelevant sind, negativ beeinflusst. Die meisten Menschen reagieren einfach automatisch, ohne zu erkennen, warum und ohne innezuhalten, um darüber nachzudenken, was innerlich vor sich geht. Sie fallen in Muster, die manchmal negativ oder gar zerstörerisch sind.

Anstatt nach innen zu schauen und zu versuchen, Ihre Emotionen zu benennen, basierend auf dem, was Sie als Ursache vermuten, können Sie auch analysieren, wie Sie sich verhalten und sie auf diese Weise benennen. Im ersten Fall blicken Sie in die Vergangenheit und versuchen, eine Ursache zu finden. Im zweiten Fall schauen Sie auf die Gegenwart, um die Manifestation der Emotion zu sehen. In gewissem Sinne arbeiten Sie von dem, was Sie sehen, rückwärts und erstellen mindestens eine Theorie über die Ursache.

Genau wie bei anderen Menschen können Sie durch Ihre Handlungen mehr über sich selbst aussagen als durch das, was Sie sagen (oder was Sie sich einreden). Wir alle haben Lieblingsgeschichten, die wir gerne darüber erzählen, wer wir sind und warum die Dinge so sind, wie sie sind, aber es kann unglaublich nützlich sein, Ihren Geist gelegentlich von diesen Geschichten zu befreien und einfach darauf zu schauen, was Sie wirklich sehen. Was geschieht tatsächlich? Warum?

Selbstmanagement

Der grundlegendste Aspekt des Selbstmanagements ist die Fähigkeit, unsere Emotionen im Zaum zu halten. Wenn wir ekstatisch sind, weil wir ein Date mit einem Traummann haben, lassen wir nicht zu, dass diese Aufregung andere in Geschäftsmeetings ablenkt. Wenn wir wütend sind, weil wir bei einer Beförderung übergangen wurden, lassen wir nicht zu, dass sich das auf unsere Arbeitsbeziehung zu unserem Rivalen oder unserem Chef auswirkt.

Wir arbeiten sogar daran, auch in stressigen, feindseligen oder gefährlichen Situationen ruhig, gefasst und effektiv zu bleiben. Kurz gesagt, es geht darum, sich nicht von Emotionen überwältigen zu lassen. Das bedeutet nicht, dass wir Emotionen ignorieren oder dass es uns an Selbsterkenntnis mangelt. Tatsächlich können wir unsere Emotionen nur dann wirklich beherrschen und modulieren, wenn wir ein grundlegendes Verständnis davon haben, was sie sind. Wie können wir etwas meistern, das wir nicht richtig verstehen?

Viele Menschen versuchen, dies zu erreichen, indem sie ihre Emotionen in Behältern verschließen, aber das ist eine schlechte Idee, weil es zu Groll, Bitterkeit und sogar zu möglichen Explosionen von Hass und Wut führen kann. Unsere Emotionen helfen uns zu verstehen, was wir wirklich über Ereignisse und Menschen denken. Sie können uns Sicherheit geben, uns wissen lassen, was wir schätzen, und uns zum Handeln inspirieren. Wenn wir ihnen Aufmerksamkeit schenken, können wir rationale Beschreibungen unserer Sorgen und Freuden formulieren, und so unsere Arbeit und Beziehungen positiv beeinflussen.

Viele Menschen fühlen sich mit Emotionen unwohl, weil es ihnen scheint, dass das Erleben von Emotionen bedeutet, dass sie irgendwie außer Kontrolle sind. Aber wir können jede Emotion, die wir erleben, bewusst wahrnehmen, und wenn wir uns dessen bewusst sind, sind wir niemals außer Kontrolle - tatsächlich sind wir stärker als je zuvor.

Emotionen sind ein nützlicher und wertvoller Teil des Lebens. Aber sie funktionieren am besten, wenn sie mit rationalem Urteilsvermögen, Unterscheidungsvermögen und der Fähigkeit, das Gesamtbild zu sehen, gepaart sind. Nehmen Sie wahr, was Sie fühlen, untersuchen Sie, warum Sie es fühlen, und sprechen Sie in Ruhe mit den relevanten Parteien darüber, wenn Ihr Kopf klar ist. Das wird Ihnen ermöglichen, sinnvolle Kompromisse zu schließen und Ihnen zu mehr Glück im Leben verhelfen. Kurz gesagt: Drücken Sie Emotionen auf angemessene, produktive Weise aus; verdrängen Sie sie nicht. Dieser Schritt ist der nächste Schritt zur Selbsterkenntnis: Was *machen* Sie eigentlich mit Ihren erkannten Emotionen?

Zum Selbstmanagement gehört auch die Überwachung unserer Gedanken und Stimmungen, um einen positiven Ausblick herzustellen. Manche Menschen sind von Natur aus Optimisten, andere nicht. Aber die Suche nach den Chancen und Lektionen in selbst den schlimmsten Situationen kann einen Silberstreif am Horizont erzeugen, der sinnvolles Wachstum und Fortschritt ermöglicht.

Sie können sich nicht von einem Misserfolg erdrücken lassen; Sie müssen ihn durchstehen, genau verstehen, was er Sie gelehrt hat, und es beim nächsten Mal besser machen. Ein gut gemanagtes Gefühlsleben kann Sie in Richtung Ihrer Ziele motivieren, denn Sie können bewusste Strukturen optimistischer Gedanken dazu nutzen, sich selbst Hoffnung und Freude zu bereiten, und dies lässt Sie auf Ihrem Weg weitergehen. Jeder mag Menschen, die ihn angesichts von Schwierigkeiten ermutigen können, weiterzumachen, und die Entwicklung dieses Optimismus wird genau das tun.

Die letzte Eigenschaft im Selbstmanagement ist Flexibilität. Viele Menschen gewöhnen sich daran, Dinge auf eine bestimmte Art und Weise zu tun und schrecken zurück, wenn eine bessere Methode auftaucht. Andere haben so viel

Angst vor Veränderungen, dass sie davon ausgehen, dass alles Neue schlecht sein muss. Aber eine selbstbestimmte Person wird diese Impulse als nicht hilfreich empfinden und versuchen, neue Wege des Denkens und Handelns zu erlernen.

Sie erlebt Veränderungen nicht als Bedrohung für ihre Identität - im Gegenteil. Weil sie die bewusste Kontrolle hat, kann sie aktiv entscheiden, wie sie reagieren will, was ihr wichtig ist und wie sie ihre Erfahrungen gestalten will. Dies hilft ihr, sich anzupassen und ihre Erwartungen und Emotionen besser zu steuern.

Selbst-Motivation

Als eine Schnittmenge des Selbstmanagements treibt die Selbstmotivation Menschen dazu, Erwartungen zu erfüllen und zu übertreffen - weil sie wissen, von welchen Emotionen sie mehr und von welchen sie weniger wollen. Sie haben eine gute Vorstellung davon, was sie erfüllt fühlen lässt, und sie versuchen, das ständig zu erreichen.

Selbstmotivierte Menschen suchen ständig nach Möglichkeiten, ihren emotionalen Zustand zu verbessern. Sie wissen, wie sie emotional und anderweitig ticken, und versuchen, sich für den Erfolg zu rüsten. Sie können Ihre Fähigkeit, dies zu tun, verbessern, indem Sie bemerken, wenn Sie oder andere sich beschweren. Beschwerden weisen auf Probleme hin, die Möglichkeiten zur Verbesserung darstellen. Wenn Sie diese finden, denken Sie über Möglichkeiten nach, das Problem zu lösen, und wenn Sie diese Lösungen vor Augen haben, machen Sie sich an die Arbeit!

Soziales Bewusstsein

Menschen, die ein soziales Bewusstsein haben, können den Raum lesen und die Emotionen verstehen, die Gruppen und Einzelpersonen wahrscheinlich empfinden.

Auf Gruppenebene bedeutet soziales Bewusstsein, die Machtstruktur und Organisation von Gruppen zu verstehen, zusammen mit den emotionalen

Auswirkungen dieser Strukturen und den emotionalen Strömungen, die zwischen den einzelnen Personen fließen. Es hilft uns, Situationen zu interpretieren. Zu verstehen, dass die Sekretärin ihrem Chef gerne hilft, aber müde von der vielen Arbeit ist, ist Teil des sozialen Bewusstseins.

Es ist auch ein soziales Bewusstsein, zu wissen, dass sie eher ersetzbar und daher weniger wichtig ist und dass sowohl sie als auch ihr Chef von dieser Dynamik beeinflusst werden. Das hört sich nach einer überwältigenden Menge an Daten an, die es zu verarbeiten gilt, aber es kann vereinfacht werden, indem man sich fragt, warum Menschen bei einer Person im Vergleich zu einer anderen Person bestimmte Verhaltensweisen an den Tag legen, und dann die Dynamik findet, die dies verursacht.

Das Beobachten und Interagieren mit Menschen hilft, diese Fähigkeit zu entwickeln. Wann immer Sie eine Interaktion sehen, die Sie verwirrt oder fasziniert, können Sie sich fragen, warum sie sagen und tun, was sie tun, und dann versuchen, ein besseres Verständnis der Beziehungsdynamik zu erhalten. Je besser Sie werden, desto leichter wird es Ihnen fallen, in sozialen Situationen jeder Art und Größe die richtigen Dinge zu tun. Natürlich ist das eine massive Vereinfachung, aber es beginnt mit der Frage, warum etwas geschieht und welche unsichtbaren oder unbewussten Elemente es verursachen.

Stellen Sie sich diese Fragen, zunächst eine nach der anderen, und bald werden sie zur instinktiven Gewohnheit. Es ist keine leichte Aufgabe, denn Sie können sich nicht ausschließlich auf einen Faktor konzentrieren. Jede Situation ist anders, und Sie müssen anpassungsfähig sein, um herauszufinden, warum Menschen so fühlen, wie sie es tun. Das Durchgehen dieser Checkliste wird Ihnen helfen, die Emotionen von Menschen auf eine Art und Weise zu lesen, die Sie vielleicht noch nie in Betracht gezogen haben.

- Wie könnten Ihre Gedanken und Handlungen fehlinterpretiert werden?

- Was sind die primären Motivationen anderer Menschen und welche unausgesprochenen, unterschwelligen Motivationen könnten sie haben, derer sie (und Sie) sich nicht einmal bewusst sind?
- Berücksichtigen Sie die eingebauten Vorurteile und Lebensumstände von Menschen, die bestimmte Emotionen hervorrufen. Welchen Hintergrund haben sie und wie sind sie aufgewachsen?
- Wie zeigen Menschen ihre Emotionen sowohl positiv als auch negativ?
- Wie werden Emotionen auf unterschiedliche Weise dargestellt?
- Welche Emotionen werden sie wahrscheinlich empfinden und warum?
- Was ist der Zweck für das, was sie sagen?
- Was ist ihre emotionale Basis und ihr bevorzugter Interaktionsstil?

Indem Sie sich dieser Faktoren bewusst sind, erhöhen Sie Ihre emotionale Intelligenz, weil Sie in der Lage sind, Menschen genauer zu lesen. Und ebenso wichtig ist, dass Sie auf eine entsprechend angepasste Art und Weise auf sie reagieren können, die zu weniger negativen Reaktionen führt. Bemerkenswert ist, dass dieser Prozess eine Weile dauern kann - genau das ist der Unterschied zwischen Antworten und Reagieren.

Auf der grundlegendsten Ebene bedeutet emotionale Intelligenz, die Bandbreite der Reaktionen auf eine bestimmte Aussage oder einen bestimmten Umstand zu kennen und zu wissen, wer anders reagieren könnte und warum.

Wenn Sie die Mutter von jemandem in einer ernsten Art und Weise und mit einem ernsten Gesicht beleidigen, wäre eine mögliche Reaktion Wut und Beleidigtsein. Mit dieser Reaktion können Sie in der Mehrzahl der Fälle rechnen. Was sind jedoch die anderen möglichen Reaktionen, und was macht den Unterschied aus? Die Leute könnten annehmen, dass Sie einen Scherz machen, aus Verwirrung lachen oder Sie ignorieren, weil sie gar nicht gehört haben, was Sie gesagt haben.

Emotionale Intelligenz ermöglicht es Ihnen, sich mit Menschen auf einer tieferen Ebene zu verbinden, weil Sie sie implizit verstehen, ohne dass sie etwas sagen. Sie werden sie einfach verstehen. Das ist es, was viele Menschen als Chemie und Draht zueinander interpretieren, und Sie werden ihn scheinbar mühelos herstellen.

Sie können sehen, wie emotionale Intelligenz von Ihnen selbst ausgeht und sich dann auf andere überträgt. Im vorigen Kapitel haben wir uns viel mit Werten und tieferen Absichten beschäftigt, die Auskunft darüber geben, wie Menschen gerne handeln würden. Hier schenken wir den Emotionen mehr Aufmerksamkeit, die Ihnen sagen, wie sie natürlicher und instinktiv handeln werden. Zusammengenommen lernen wir, wie wir die rationalen und emotionalen Seiten einer Person analysieren können, um ihr Verhalten sowohl vorherzusagen als auch zu interpretieren.

Ein letzter und wichtiger Teil der emotionalen Signale besteht darin, den Unterton oder Subtext einer Situation besser zu verstehen, was dem sozialen Bewusstsein ähnlich ist.

Das habe ich nicht gemeint!

Kommunikation ist viel mehr als die Worte, die wir sprechen oder hören. In Studien wurden Zahlen zitiert, die besagen, dass 50 % bis 90 % der Kommunikation - also der Botschaften und Emotionen, die wir von anderen erhalten - auf nonverbalen oder unausgesprochenen Signalen beruhen, angefangen bei Mehrabian und Ferris in „Inference of Attitudes from Nonverbal Communications in Two Channels" aus dem Jahr 1967. Nimmt man dies zu zusätzlicher Kommunikation hinzu, die auf Subtext, Kontext, Implikation und Schlussfolgerung basiert, fragt man sich fast, welchen Einfluss unsere tatsächlichen Worte haben.

Was auch immer der Fall ist, das, was wir zu kommunizieren glauben, wird oft von dem, was zwischen den Zeilen gelesen wird, überschattet oder steht im völligen

Widerspruch dazu. Was wir sagen, ist meistens nicht wirklich das, was wir meinen, und das ist etwas, das wir schon als Kinder lernen. Es ist nicht so, dass die Worte, die wir benutzen, keine Rolle spielen - das tun sie. Aber die Art und Weise, wie wir sie verwenden, und die Kontexte, in denen wir sie verwenden, sind viel aussagekräftiger für unsere Gefühle und Emotionen.

Leider könnten diese kleinen Zeichen für viele von uns genauso gut Beschwörungen oder Zaubersprüche sein, je nachdem, wie subtil oder verworren sie erscheinen. Einer der Schlüssel zu einer klareren Kommunikation und der Fähigkeit, zwischen den Zeilen zu lesen, was Menschen sagen, ist das Verständnis von *Subtext*. In Anlehnung an die Veröffentlichung von Chaney und Lyden von 1997 „Subtextual Communication Impression Management: An Empirical Study" zu entnehmen, ist Subtext im Kontext einer Büroumgebung folgendes:

Subtextuelle Kommunikation, eine verdeckte Sprache, die den gesprochenen Text verstärkt oder negiert, wird verwendet, um die Eindrücke zu beeinflussen, die andere Menschen von uns haben, und kann in zahlreichen Situationen am Arbeitsplatz zum Wettbewerbsvorteil genutzt werden. Der Subtext ist subtiler als der offensichtliche Text und kann in Interaktionen zwischen Menschen ehrlicher sein (Fast, 1991).

Subtextuelle Kommunikationselemente beziehen sich auf das Image und können positive oder negative Eindrücke in Bezug auf Sicherheit, Glaubwürdigkeit, Kompetenz und Taktgefühl durch Kleidung, Art und Weise der Vorstellung von Personen, Körpersprache, Zeitgemäßheit, Verwendung elektronischer Kommunikation und Tischetikette vermitteln.

Paul nahm einen Teilzeitjob an, um sich etwas Geld dazuzuverdienen, während er seinen Universitätsabschluss machte. Er entschied sich, in einem örtlichen Elektronikgeschäft zu arbeiten, weil er die Leute, die Gegend und das Produkt wie seine Westentasche kannte. Stellen Sie sich seine Überraschung vor, als er entdeckte, dass er nicht der große Verkaufsstar war, für den er sich während des Vorstellungsgesprächs ausgegeben hatte.

Alle anderen schienen ihre Verkaufsquoten mit Leichtigkeit zu erreichen, doch er kam nicht weit und erreichte nur das untere Ende des Ziels. Was die Sache noch schlimmer machte, war die Tatsache, dass andere Mitarbeiter absolut kein technisches Wissen hatten, dennoch übertrafen sie Paul im Umsatz jeden einzelnen Monat.

Pauls Verkäufe waren so schlecht, dass sein Chef ihn zu einer Leistungsbesprechung einlud, um das Problem anzusprechen. Anstatt darauf hinzuweisen, was Paul falsch gemacht hat, beschloss er, ihn mit seinem Top-Verkäufer zusammenzubringen, um herauszufinden, wie sich die Verkaufstechniken unterscheiden.

Den ganzen Nachmittag über begleitete Paul den leistungsstärksten Verkäufer, Sam. Als Paul ihn beobachtete, fiel ihm etwas Interessantes auf. Die Kunden waren alle völlig gleich, die Anfragen waren alle gleich, und seine Lösungen waren alle gleich - bis auf eine Kleinigkeit.

Wo Paul aufgeben oder weitermachen würde, bot Sam zusätzliche Empfehlungen an und holte zum Schlag aus. Dies wurde ihm klar, als ein Kunde eine Kamera betrachtete. Der Kunde hob die Hände und erklärte das Produkt für „gut". An diesem Punkt nahm Sam eine teurere Kamera in die Hand und führte den Kunden durch ihre Funktionen. Paul würde das normalerweise nicht tun - wenn der Kunde sagte, dass etwas „in Ordnung" war, konzentrierte er sich weiterhin darauf, den Verkauf für dieselbe Kamera abzuschließen.

Doch zu seiner Überraschung kaufte der Kunde am Ende die teurere Kamera. Sobald der Kunde den Laden verlassen hatte, fragte Paul Sam: „Warum hast du ein ganz neues Produkt vorgeschlagen? Ist das nicht nur verwirrend für den Kunden? Ich dachte, er hätte gesagt, es sei in Ordnung!"

Sam lachte nur und sagte: „Nur weil der Kunde sagt, dass es gut ist, heißt das nicht, dass es auch gut ist. Gut ist nicht positiv. Es bedeutet normalerweise, dass sie etwas mehr wollen oder dass ihre Erwartungen nicht erfüllt wurden. Es bedeutet, dass sie in Wirklichkeit nach mehr Optionen fragen."

Paul hörte nur die tatsächlich von den Leuten gesprochenen Worte und verpasste dadurch die wirklichen Botschaften, die die Leute ihm schickten. Was auch immer gesagt wurde, war das Einzige, womit Paul operierte, und er zog nicht in Betracht, dass Kommunikation auf eine andere Weise stattfinden könnte. Sam erklärte, dass die Worte der Leute nur die Spitze des Eisbergs waren, was sie mitteilen wollten, und „gut" mit einem flachen Sprechton gesagt war genauso gut wie „das ist scheiße". Diese eine einfache Aussage bewirkte eine enorme Veränderung in Pauls Verkäufen, da er begann, die gesagten Worte zu durchschauen und die tiefere Bedeutung aufzugreifen.

Seien Sie nicht wie Paul. Lernen Sie Subtext, um Menschen besser zu lesen und beginnen Sie, wirklich auf das zu reagieren, was Menschen zu kommunizieren versuchen.

Kommunikation kann in zwei Kategorien unterteilt werden: offen und verdeckt. Offen sind die Worte, die wir sagen, und die expliziten Botschaften, die wir vermitteln wollen. Dies ist der Fall, wenn wir jemandem direkt sagen, dass wir hungrig sind und um einen Hamburger bitten.

Subtext ist die verdeckte Art der Kommunikation. Sie wird fast nie direkt gesagt, beruht auf buchstäblich allem außer der direkten Botschaft, die aus dem Mund einer Person kommt, und erfordert die richtige Interpretation. Subtext zu verwenden, um zu sagen „Ich habe Hunger", würde bedeuten, sich den Magen zu reiben, sich die Lippen zu lecken, darauf hinzuweisen, dass auf einem Tisch in der Nähe eine Speisekarte liegt, und zu erwähnen, dass Ihre vorherige Mahlzeit winzig war.

Nicht jeder wird diese Zeichen aufgreifen, aber es ist unbestreitbar, was die Person vermitteln wollte. Wir kommunizieren routinemäßig durch diese indirekten Mittel und hoffen, dass es uns die Mühe erspart, direkt zu sein. Wenn Sie den Subtext unter und um die scheinbar harmlosen Aussagen von Menschen verstehen, erhalten Sie Einblick in ihre wahren Gefühle und Gedanken.

Wie unterscheidet sich zum Beispiel der offene Dialog unten von der subtextuellen, verdeckten Botschaft? Hier ist es das, was *nicht gesagt wird*, was die Botschaft vervollständigt. Der Subtext ist, dass die Frage nicht auf überzeugende Weise beantwortet wurde und die Antwort somit nicht aufrichtig ist. Nehmen wir an, der Beantworter der Frage ist normalerweise etwas ungehobelt.

„Bin ich fett?"
„Nein, du bist nicht fett."
Übersetzung: Ja, Sie sind vielleicht ein bisschen zu dick.

„Bin ich fett?"
„Nein, aber ich nehme an, Sie könnten vielleicht ein paar Pfunde verlieren."
Übersetzung: Ja, Sie sind jetzt definitiv fett.

Subtext kann durch den Tonfall der Stimme, die Phrasierung, den Vortrag, den Verweis auf frühere Erfahrungen, das Wissen über Beziehungen, die Körpersprache, die Gestik, die Umstände und sogar Stimmungen vermittelt werden. Es klingt abstrakt und verwirrend, aber stellen Sie sich einfach vor, dass Subtext alles ist, was wir neben den *tatsächlichen Worten,* die wir verwenden, sagen wollen.

In der Tat ist das einer der Hauptgründe, warum wir ihn benutzen. Er erlaubt uns, durch indirekte und nicht-konfrontative Mittel in der Welt zurechtzukommen. Wenn man gut mit Subtext umgehen kann, spart das Zeit, ist effizient und vermittelt eine große emotionale Intelligenz, da man die sich ständig verändernden Umstände der Menschen versteht.

Subtext taucht in jeder Situation auf, von der Arbeit über Verabredungen bis hin zu sozialen Situationen und Familiendynamik. Tatsächlich kann man sagen, dass ein Großteil der Verabredungen aus Subtext besteht, weil ein Großteil der sexuellen Spannung davon abhängt, dass man seine wahren Absichten nicht von vornherein preisgibt. Wenn Sie jemanden zum Essen einladen und derjenige Ihnen sagt, dass er beschäftigt ist, ist er vielleicht beschäftigt, oder er ist nicht interessiert. Wenn Sie dieselbe Person viermal zum Essen einladen und sie jedes Mal sagt, sie sei beschäftigt, dann gibt es einen zusätzlichen Subtext, den Sie lesen können. Berücksichtigen Sie den Kontext, dann sieht es an der romantischen Front nicht gut für Sie aus.

Durch unser Verhalten und unsere Wortwahl übermitteln wir Hinweise und hoffen verzweifelt, dass die Leute sie aufgreifen. Natürlich ist dies der Ursprung von passiv-aggressivem Verhalten - wir fühlen uns nicht wohl dabei, etwas direkt zu sagen, also werden unsere indirekten Maßnahmen immer aggressiver und unangenehmer. Als Spezies sind wir ziemlich vermeidend und nicht konfrontativ. Nicht viele Menschen fühlen sich wohl dabei, ihre Meinung und ihr Herz auf der Zunge zu tragen, besonders wenn sie mit denen anderer Menschen kollidiert. Direktheit ist von Natur aus anstrengend, also ist sie etwas, das wir lieber vermeiden.

Eine hilfreiche Methode, um sich vorzustellen, wie Subtext in sozialen Situationen funktioniert, ist, sich vorzustellen, wie er in einem Roman oder einem Drehbuch eine Rolle spielt. Wenn Sie einen Film sehen oder ein Buch lesen, wird Ihnen normalerweise nicht gesagt, was die Charaktere verstehen, fühlen oder denken, und trotzdem haben Sie eine klare Vorstellung von der Bedeutung der Szenen und Beziehungen. Das ist alles wegen des Subtextes.

In diesem Zusammenhang wird es allgemein als das bezeichnet, was *unter der Haut des Charakters* liegt - was ihn antreibt und motiviert, was er gegenüber allen anderen in der Geschichte fühlt und was unter der Oberfläche all seiner Handlungen liegt. Wenn man den Charakteren keine klaren Motivationen gibt und alle im Film nur auf einer völlig offensichtlichen Ebene agieren, endet man mit einem flachen Film ohne emotionale Wirkung.

Selbst in Filmen kann es Mehrdeutigkeit im Subtext geben - manchmal absichtlich und manchmal nicht. Das ist der Teil, den das Publikum erschließen muss, weshalb zwei Menschen aus einem Film herauskommen und radikal unterschiedliche Vorstellungen über die Bedeutung haben können, die der Regisseur zu vermitteln versuchte.

Schauen wir uns eine Beispielszene im Detail an, um dies deutlich zu machen. Denken Sie immer daran, dass wir die verdeckte und die offene Kommunikation trennen müssen.

Stellen Sie sich einen Raum vor, in dem ein Mann eine winzige babyblaue Schachtel in seinen Händen hält. Der Tisch ist mit Rosen und Champagner dekoriert. Eine Frau erscheint am Bildrand und bereitet sich darauf vor, den Raum zu verlassen. Sie bemerkt den Mann in der Ecke nicht. Er sagt: „Warte!"

Warum ruft der Mann die Frau?

Wenn Sie sagen: „Weil er ihr einen Heiratsantrag machen will", haben Sie den in dieser Grundszene vorhandenen Subtext verstanden. Der Dialog sagt nie, dass der Mann der Frau einen Heiratsantrag machen will. Sie haben das aus einer Kombination der Stimmung, der Beschreibung und der Szene selbst abgeleitet.

Ist das Wort „warten" Subtext? In dieser Szene fordert der Mann die Frau auf, stehen zu bleiben. Es ist nichts anderes in seinen Worten versteckt als „Geh nicht!" oder vielleicht „Bleib!" je nachdem, wie das Wort ausgesprochen wird.

Stellen Sie sich stattdessen vor, dass der Mann ganz offen sagt: „Ich habe hier einen Tisch für dich gedeckt und beabsichtige, dir mit diesem wunderschönen Ring, den ich bei Tiffany & Co. gekauft habe, einen Antrag zu machen." So etwas würde im echten Leben nicht passieren, und deshalb müssen Filme mit einem Subtext geschrieben werden, der es den Leuten ermöglicht, zu verstehen, was passiert.

Das Ausfüllen der Details jeder eingehenden Kommunikation durch Subtext ist ein wesentlicher Bestandteil einer besseren Kommunikation und größeren Sympathie. Wenn Sie genau hinschauen, werden Sie bald feststellen, dass fast alles, was eine Person sagt, Schattierungen von Subtext hat, die bewusst oder unbewusst zusätzliche Botschaften vermitteln sollen.

Achten Sie auf die Vorgeschichte und die Erfahrungen der Personen und wie sie sich auf die aktuelle Situation beziehen könnten. Welche Emotionen sind hier im Spiel? Hinweis: Es ist immer mindestens eine

Hauptemotion im Spiel. Diese wird unweigerlich ihre Perspektiven, Prioritäten und Motivationen in einer Art und Weise färben, die ihre Botschaft von ihren Worten abweichen lassen könnte. Wenn Sie die allgemeinen Persönlichkeitsmerkmale einer Person kennen, können Sie oft durch Analyse der Situation feststellen, wie sie sich am liebsten verhalten würde. Wenn jemand extrem sanftmütig und ruhig ist und etwas in der Art von „Ich stimme zu..." sagt, dann bedeutet das wahrscheinlich, dass er innerlich „NEIN!" schreit. Betrachten Sie im Wesentlichen die Quelle und wie die Erfahrungen einer Person ihre Kommunikation färben.

Beurteilen Sie die Authentizität von jemandem, indem Sie den Tonfall seiner Stimme analysieren. Ist sie wütend, ernst oder sarkastisch? Passt der Tonfall zur Botschaft? Wenn jemand „Ja" sagt, aber einen sarkastischen Tonfall verwendet, dann meint er wahrscheinlich „Nein". Wenn jemand „Ja" sagt, aber wütend ist, dann ist er wahrscheinlich nicht zufrieden mit dem Ergebnis. Wenn jemand ernsthaft „Ja" sagt, dann ist er in einem Konflikt oder es ist ihm wahrscheinlich egal. Es gibt eine praktisch unbegrenzte Anzahl von Interpretationen des Stimmklangs, aber die meisten davon bedeuten tatsächlich, dass die Worte nicht für bare Münze genommen werden sollen.

Beobachten Sie, wie die Leute auf Sie reagieren. Wenn Sie darauf achten, wie geduldig die Leute sind, wie nett sie sich verhalten und wie zuvorkommend sie versuchen, zu sein, können Sie abschätzen, wie sie auf das reagieren, was Sie sagen. Dies erstreckt sich auch darauf, wie viel Stille Sie hören und wie viel Interesse sie zeigen. Wenn jemand zwei Takte braucht, um eine einfache Frage zu beantworten, musste er über seine Antwort nachdenken und kann mit Subtext Negativität kommunizieren, selbst wenn er Ihnen zustimmt.

Ein anderer Aspekt, der vielleicht eine intensivere Beobachtungsgabe erfordert, ist zu sehen, wie sehr sie von ihrem üblichen Verhaltensmuster abweichen. Wenn Ihr Vorgesetzter typischerweise optimistisch ist, was bedeutet es dann, dass er düster und negativ ist? Es kann eine Proklamation von „Die Dinge laufen gut..." in die genau gegenteilige Botschaft verwandeln.

Subtext hinterlässt Hinweise, die Sie sich zunutze machen können, um ein Experte für Kommunikation zu werden. Menschen hinterlassen überall Zeichen.

Der schwierige Teil ist natürlich, diese Aspekte von Menschen gleichzeitig und sofort zu entschlüsseln, wie Sie es in einem normalen Alltagsgespräch tun würden. Das bedeutet, dass Sie eigentlich zwei Aufgaben haben: (1) das Gespräch zu verarbeiten und angemessen zu reagieren und (2) nach subtextuellen Hinweisen Ausschau zu halten. Sie können sich vielleicht antrainieren, bestimmte Arten von Subtexten und sozialen Hinweisen aufzugreifen, aber können Sie sie auch aufgreifen, während Sie versuchen, noch weitere zu finden? Oder werden Sie nur ein gewisses Maß an Dingen auf einmal beobachten können? Es mag so aussehen, als bräuchte man drei Gehirne und sechs

Augenpaare, um so viele Dinge auf einmal wahrzunehmen - am Anfang mag das auch stimmen.

Das Einzige, was wir tun können, ist, klein anzufangen und sich selbst zu trainieren, bis diese Dinge zu einer unterbewussten Gewohnheit werden - warum *haben sie das gesagt, was fühlen sie, und was könnte es bedeuten?*

Ich möchte den Abschnitt über Subtext mit einer kleinen Übung beenden, um Sie in Stimmung zu bringen. Sie ist ziemlich einfach: Gehen Sie in die Öffentlichkeit und beobachten Sie Menschen, die miteinander kommunizieren - zum Beispiel, wenn Sie in einem Café sitzen und heimlich die Leute an den Nachbartischen beobachten. Sie können die offene Unterhaltung nicht hören, also werden Sie den Subtext der verdeckten Kommunikation erraten. Ordnen Sie den Personen, die Sie beobachten, Hintergrundgeschichten, Emotionen und Motivationen zu. Riskieren Sie etwas und denken Sie sich Geschichten aus. Sobald Sie besser im Subtext werden,

werden Sie feststellen, dass die Geschichten, die Sie in solchen Situationen erfinden, immer genauer werden.

Fazit:

- Wir haben über Werte und rationale Absichten gesprochen, die Menschen haben können. In diesem Kapitel geht es um emotionale Hinweise, über die wir Menschen analysieren können. Zusammengenommen sind wir in der Lage, sowohl rationale als auch emotionale Zustände besser vorherzusagen und zu verstehen.
- Die Emotionen anderer besser zu verstehen, beginnt damit, die eigenen zu verstehen. Dies geschieht in Form von emotionaler Intelligenz, und Daniel Golemans Konzept der emotionalen Intelligenz besteht aus Selbsterkenntnis (was fühle ich und warum), Selbstmanagement (wie kann ich meine Emotionen sicher ausdrücken und aus ihnen lernen), Selbstmotivation (was macht mich glücklich und wie kann ich das erreichen) und sozialem

Bewusstsein (was fühlen andere Menschen und warum). Der ganze Prozess beginnt damit, sich selbst zu verstehen und dann zu erkennen, dass jeder andere die gleiche Menge an unbewussten und versteckten Gedanken hat, die seine Emotionen und Handlungen bestimmen. Es ist eine Denkweise, die trainiert werden muss und die es Ihnen ermöglicht, eine beachtliche Menge an Informationen aus einer kleinen Interaktion zu ziehen.

- Genauso müssen wir lernen, subtextuelle Hinweise besser zu verstehen. Dies hängt mit dem Element des sozialen Bewusstseins der emotionalen Intelligenz zusammen. Wir müssen erkennen, dass die meiste Kommunikation verdeckt ist, und dennoch reagieren die meisten von uns nur auf offene Kommunikation. Das bedeutet, dass wir häufig die wahre Bedeutung der Worte und Handlungen von Menschen übersehen. Der einfachste Weg, sich diese spezielle Denkweise anzueignen, ist zu fragen, *warum haben sie das gesagt, was fühlen sie, und was könnte es bedeuten?*

Zusammenfassung

Kapitel 1. Ein Mund, aber zwei Ohren

- Wir haben alle zwei Ohren, aber nur einen Mund, richtig? Das bedeutet, dass wir doppelt so viel zuhören wie sprechen sollten, aber in Wahrheit geht das gegen unseren natürlichen Instinkt. Wir sind dazu bestimmt, uns auszudrücken und über uns selbst zu sprechen – so weitreichend, dass es die gleiche Art von neurologischer Stimulation bietet wie Sex. Das ist okay, aber das bedeutet nicht, dass pausenloses Reden akzeptabel oder hilfreich für unsere Beziehungen ist.

- Es ist an der Zeit, Zuhören als die wahre Win-Win-Situation bei der Kultivierung tieferer Beziehungen zu betrachten. Wenn Sie zuhören, lernen Sie nicht nur etwas über jemanden, sondern Sie werden (paradoxerweise für manche) als charismatischer, interessanter und angenehmer in der Interaktion wahrgenommen. Wenn es also Ihr Ziel ist, diese Dinge zu verkörpern, ist Zuhören die Fähigkeit, die Sie perfektionieren müssen. Es ist eine einfache Fähigkeit, die sicherlich nicht leicht ist.

- Die Herausforderung besteht darin, dass es so viele unbewusste Wege gibt, wie wir die Kontrolle über ein Gespräch an uns reißen und zu einem Gesprächs-Narzissten werden. Das ist einfach dann der Fall, wenn jemand so viel spricht, dass es wie ein Monolog und nicht wie ein gemeinsamer Dialog erscheint. Eine subtile Art und Weise, wie dies geschieht, ist durch unterstützende versus verschiebende Antworten, bei denen das Gefühl, das Sie dem anderen vermitteln, von einer einzigen Wortwahl abhängen kann. Das zugrundeliegende Thema ist jedoch, das Loslassen von Kontrolle, Stolz und Ego zu akzeptieren und dorthin zu gehen, wohin jemand anderes gehen möchte.

- Ein bewussteres Hindernis, mit dem viele Menschen konfrontiert sind, ist das Gefühl, dass die Menschen, mit denen sie zu tun haben, ziemlich langweilig sind und nichts Sinnvolles zu sagen haben; ihnen zuzuhören ist also keine gute Verwendung ihrer Zeit. Allein wenn Sie diesen Satz lesen, sollten Sie in der Lage sein, ein paar Fehler zu erkennen. Wenn Sie denken, dass die meisten Menschen, denen Sie begegnen, langweilig sind, sind Sie der Langweiler. Sie lassen zu, dass ein Vorurteil Ihre Handlungen diktiert und Ihre Interaktionen ruiniert. Erwarten Sie stattdessen, dass Sie etwas faszinierend und reizvoll finden werden, und genau das wird passieren.

- Wenn Sie ein Vorbild dafür suchen, wie man Informationen aus Menschen herausholt, betrachten Sie einfach Late-Night-Talkshow-Moderatoren. Ihr einziger Job ist es, einen Prominenten, der oft nicht witziger ist als Sie oder ich, ungeheuer charmant und intelligent erscheinen zu lassen. Das ist manchmal eine schwierige Aufgabe. Denken Sie an die Energie, den Fokus, die Aufmerksamkeit und das Zuhören, die sie aufwenden, um das zu schaffen. Das ist es, was möglich ist.

Kapitel 2. Stile, Rahmen und Ebenen

- Nehmen wir an, Sie versuchen, das Gitarre spielen zu erlernen. Sie sind Rechtshänder, haben aber versehentlich eine Gitarre für Linkshänder gekauft. Das ist kein Rezept für Erfolg. So können wir über die verschiedenen Arten von Hörstilen nachdenken. Wir müssen unseren Stil mit dem anderer Leute abgleichen, wenn wir Erfolg haben wollen.

- Obwohl man sagen kann, dass es unzählige Hörstile gibt, ist es hilfreich, in vier Hauptstilen zu denken: Personen- (Emotionen), Inhalts- (Informationen), Handlungs- (To-Do-Liste) und Zeitorientierung (Dauer und Häufigkeit). Für unsere Zwecke wollen wir erkennen, wozu wir von Natur aus neigen, und dann versuchen, uns mehr auf den Menschen-/Emotionsstil zu konzentrieren. Denn wenn Menschen kommunizieren, ohne einen Befehl zu geben oder einen Ausflug zu organisieren, tun sie dies, um eine Emotion auszudrücken. Finden Sie sie! Eine weitere Möglichkeit, den Zuhörstil zu beschreiben, ist die Einteilung in Kopf, Herz und Hände. Beim Kopf dreht sich alles um das Denken und Planen, bei den Händen geht es um das Tun und Handeln, und beim Herzen, nun ja, da geht es um Emotionen und das Wohlbefinden der Menschen. Auch hier gilt: Erkennen Sie, wo Sie stehen, und wie Sie sich in Richtung des Zuhörstils Mensch/Emotion/Herz bewegen können.

- Rahmen sind eine andere Art, sich Hörstile vorzustellen. Rahmen sind viel fließender und bitten Sie einfach zu überlegen, was die allgemeinen Ziele oder der Zweck der Interaktion sind. Was ist ihr Ziel, was ist Ihr Ziel, und stimmen sie überein? Wenn nicht, nutzen Sie Ihr neues Verständnis und sorgen Sie dafür, dass sie übereinstimmen. Ein einfacher Weg, um über Rahmen nachzudenken, ist der einer Schauspielerszene. Alle Schauspieler sind auf derselben Seite, arbeiten auf dasselbe Ziel hin und versuchen, eine emotionale Wirkung zu erzielen. Was passiert, wenn einer der Schauspieler ein wenig aus dem Nähkästchen plaudern und die Liebe seiner Figur zum Meer erläutern möchte? Nichts Gutes.

- Schließlich kommen wir zu den Ebenen des Zuhörens. Im Gegensatz zu den Zuhörrahmen und -stilen sind einige dieser Ebenen des Zuhörens einfach nur schlecht. Die Ebenen sind: Ignorieren, vorgeben zuzuhören, selektives Zuhören, aufmerksames Zuhören und einfühlsames Zuhören. Die ersten beiden Stufen sind nicht sehr nützlich, und erst wenn wir die ultimative Stufe des einfühlsamen Zuhörens erreichen, nehmen wir uns selbst aus der Gleichung heraus und hören zu, um zu verstehen, anstatt zuzuhören, um zu antworten. Die meisten von uns stecken in den ersten drei bis vier Stufen für die Mehrheit unserer täglichen Interaktionen fest.

Kapitel 3. Die schwierige Aufgabe, jemanden zu hören

- Zuhören ist wahrlich keine passive Tätigkeit. Nun, das kann es sein, aber das würde nur bedeuten, dass Sie keinen guten Job machen. In der Tat kann man sagen, dass tiefsinniges Zuhören extrem aktiv ist, bis zu dem Punkt, an dem es Sie ermüdet! Überrascht? Das liegt daran, dass der Zweck des wahren, tiefen Zuhörens darin besteht, mit jemandem dorthin zu gehen, und dazu gehört, genau herauszufinden, wohin Sie überhaupt wollen. Es ist eine Arbeit, die viel Verständnis, das Lösen subtiler Rätsel und Klärung erfordert. Es ist ein bisschen wie die Rolle eines Therapeuten, der hilft, Emotionen und Situationen zu entwirren.

- Zu diesem Zweck kommen wir zum Konzept des aktiven Zuhörens. Es ist eine Möglichkeit, sich an Gesprächen zu beteiligen, während man auf der Empfängerseite steht. Die meisten denken vielleicht, dass Empfangen einfach bedeutet, still zu sitzen, aber das ist ein großer Fehler. Es gibt neun Arten des aktiven Zuhörens, die wir behandeln, wenn man versucht, eine tiefe Verbindung zu jemandem herzustellen: Verstehen, Behalten, Reagieren, Wiederholen, Reflektieren, Zusammenfassen, Benennen von Emotionen, Sondieren mit Leitfragen und Schweigen. Die nächste Stufe des aktiven Zuhörens könnte man als einfühlsame Reflexion bezeichnen. Hier konzentriert sich der Zuhörer auf die Emotionen, und zwar so sehr, dass Sie versuchen, vorherzusagen, was der Sprecher fühlt, und es mit ihm zu teilen.

Kapitel 4. Ich sehe dich, ich höre dich

- Gehen Sie mit anderen in die Tiefe - die Tiefe, die sie gemeinsam erschaffen haben, nicht in Ihre eigene persönliche

Tiefe. Validierung ist eine etwas verlorene Kunst. Validierung ist der Akt des Respekts und der Anerkennung der Absichten und Emotionen von Menschen. Wenn wir validieren, drücken wir aus, dass die Erfahrung eines anderen, seine Gedanken, Gefühle, Perspektive und sogar er selbst gültig, sinnvoll und verständlich sind.

- Es kann so einfach sein wie ein Kopfnicken, aber es erfüllt den größeren Zweck, dass sich Menschen emotional verstanden und erfüllt fühlen. Auf der grundlegendsten Ebene besteht Validierung daraus, die Emotionen der Menschen zu identifizieren und sie dann zu rechtfertigen. Sie agieren zunächst als Detektiv, um zu verstehen, womit Sie es zu tun haben, und geben den Menschen dann das Gefühl, dass sie in ihrem emotionalen Erleben völlig vernünftig sind. Emotionen sind nie ganz rational, aber sie sind immer real.

- Oft, wenn wir versuchen zu validieren, verschlimmern wir die Situation, indem wir entwertende Aussagen verwenden.

Das sind Aussagen, die die Gefühle der Menschen abtun oder herunterspielen, wie z. B. „Oh, das wird schon wieder" oder „So solltest du dich nicht fühlen!" Sie sind präskriptiv und versuchen, Menschen davon zu überzeugen, die positive Seite der Dinge zu sehen - aber das ist nicht das, was sie in diesem Moment brauchen.

- Ein hilfreicher sechsstufiger Weg zur Validierung ist folgender: präsent sein, Emotionen genau wiedergeben, Emotionen erraten, Emotionen im Kontext verstehen, Emotionen bekräftigen und dann ehrlich sein. Es ist nicht immer notwendig oder sogar möglich, jeden dieser Schritte zu praktizieren, aber es lohnt sich, diesen Weg schrittweise zu gehen und dabei den Kontext, Ihre Position und das, was die andere Person am meisten von dem Gespräch braucht, zu berücksichtigen.

- Wir können präsent sein, indem wir Ablenkungen ausschalten, aufmerksam zuhören und die Stille nutzen. Wir können reflektieren, indem wir paraphrasieren, den Tonfall, die Körperhaltung oder die Sprache spiegeln oder sogar Fragen stellen, um mehr Informationen zu erhalten. Wir können Emotionen erraten, indem wir vorsichtige Vorschläge machen, wie sich die andere Person fühlt, und dann ihre Reaktion beobachten. Wir können dann diese Emotionen bestätigen, indem wir Aussagen machen, die sie als normal und verständlich bestätigen. Schließlich können wir echtes Mitgefühl zeigen, indem wir ein wenig von uns selbst preisgeben und ehrlich sind, um echte Gefühle von Vertrauen und Verbindung zu fördern.

Kapitel 5. Lesen und Analysieren

- Wir haben über Werte und rationale Absichten gesprochen, die Menschen haben können. In diesem Kapitel geht es um emotionale Hinweise, über die wir Menschen analysieren können. Zusammengenommen sind wir in der Lage, sowohl rationale als auch emotionale Zustände besser vorherzusagen und zu verstehen.

- Die Emotionen anderer besser zu verstehen, beginnt damit, die eigenen zu verstehen. Dies geschieht in Form von emotionaler Intelligenz, und Daniel Golemans Konzept der emotionalen Intelligenz besteht aus Selbsterkenntnis (was fühle ich und warum), Selbstmanagement (wie kann ich meine Emotionen sicher ausdrücken und aus ihnen lernen), Selbstmotivation (was macht mich glücklich und wie kann ich das erreichen) und sozialem Bewusstsein (was fühlen andere Menschen und warum). Der ganze Prozess beginnt damit, sich selbst zu verstehen und dann zu erkennen, dass jeder andere die gleiche Menge an unbewussten und versteckten Gedanken hat, die seine Emotionen und Handlungen bestimmen. Es ist eine Denkweise, die trainiert werden muss und die es Ihnen ermöglicht, eine beachtliche Menge an Informationen aus einer kleinen Interaktion zu ziehen.

- Genauso müssen wir lernen, subtextuelle Hinweise besser zu verstehen. Dies hängt mit dem Element des sozialen Bewusstseins der emotionalen Intelligenz zusammen. Wir müssen erkennen, dass die meiste Kommunikation verdeckt ist, und dennoch reagieren die meisten von uns nur auf offene Kommunikation. Das bedeutet, dass wir häufig die wahre Bedeutung der Worte und Handlungen von Menschen übersehen. Der einfachste Weg, sich diese spezielle Denkweise anzueignen, ist zu fragen, warum haben sie das gesagt, was fühlen sie, und was könnte es bedeuten?

www.ingramcontent.com/pod-product-compliance
Lightning Source LLC
Chambersburg PA
CBHW052206090526
44583CB00017BA/2144